John Selby, geboren 1945 in Kalifornien, studierte nach Abschluß seines Psychologiestudiums an der Princeton University und der University of California unter Alexander Lowen und Charles Kelley Bioenergetik. Anschließend wurde er durch Alan Watts und Krishnamurti in spiritueller Heilkunst unterrichtet und nahm das Studium der Bio-Physik unter R. Abraham auf. Er beteiligte sich an Forschungsarbeiten des Neuro-Psychiatric-Institute unter Professor Osmond und entwickelte Sehverbesserungsprogramme für Apple- und IBM-Computer. Neben seiner Arbeit als Therapeut ist John Selby durch zahlreiche Veröffentlichungen in den Bereichen Persönlichkeitsentfaltung und Gesundheitsvorsorge bekannt geworden. Er lebt heute in Kilauea, Hawaii.

Von John Selby sind außerdem erschienen:

»Jung und vital bleiben« (Band 7891)
»Liebevolle Massage« (Band 7892)
»Abschied vom Bauch« (Band 7893)
»Gut schlafen« (Band 7894)
»Alkohol« (Band 7895)
»Gutes Sehen über 40« (Band 7896)
»Gesunde Liebe zum Geld« (Band 7897)
»Intuition und Lebenskraft« (Band 7898)
»Die Macht unserer Träume« (Band 7899)

Deutsche Erstausgabe Mai 1991

Titel der Originalausgabe »Help for Working Eyes«

Umschlaggestaltung Adolf Bachmann, Reischach
Umschlagillustration Brigitte Smith, München
Satz MPM, Wasserburg
Druck und Bindung Elsnerdruck, Berlin
Printed in Germany 5 4 3 2 1
ISBN 3-426-07890-2

John Selby:
Hilfe für angestrengte Augen

Verbesserte Sehfähigkeit durch Entspannungspausen für die Augen

Aus dem Amerikanischen von Marianne Gollub

Bearbeitet von Wolfgang Gillessen

Knaur

Auskunft über Seminare mit John Selby erhalten Sie bei:

Wolfgang Gillessen
Ettalstr. 42 a
8000 München 70

Inhalt

Vorwort

Hilfe für angestrengte Augen

Viele Arbeitsplätze stellen heute erhöhte Anforderungen an die visuelle Leistungsfähigkeit. Einer der bedeutendsten Streßfaktoren ist hierbei die ständige Naheinstellung des Auges. Die häufigsten Beschwerden, die durch eine übermäßige Augenbelastung entstehen, sind u. a.: Brennen der Augen, geistige Ermüdung, Kopfschmerzen und allgemeine körperliche Verspannungen. Es gibt inzwischen eine wachsende Zahl von Fällen, die die Annahme bestätigen, daß eine Augenbelastung, wie sie durch Bildschirmarbeit entsteht, zur Entwicklung von Kurzsichtigkeit und damit in Verbindung stehenden weiteren Sehproblemen führen kann.

Natürlich ist es wenig sinnvoll, vorzuschlagen, künftig alle Sehanforderungen im Nahbereich zu meiden. Unsere ganze Zivilisation ist auf einer ständigen Belastung des visuellen Systems aufgebaut. Die Augen sind unsere wichtigsten »Arbeitspferde« bei Tätigkeiten in der Fabrik, im Handel, in der Wissenschaft oder im Kommunikations- und Gesundheitsbereich. Es gibt kein Zurück zu den früheren Zeiten eines einfachen Landlebens, als die Menschen genug Möglichkeiten hatten, in die Ferne zu sehen, wodurch eine Überforderung der Augen erst gar nicht entstehen konnte.

Was kann also getan werden, um Menschen zu helfen, mit ihren Augen zu arbeiten und den visuellen Streß sowie alle damit in Beziehung stehenden physischen und mentalen Gesundheitsprobleme, die so häufig am Arbeitsplatz auftreten, besser zu bewältigen?

Ziel dieses Buches ist es, zunächst einen breiten Überblick über die Problemstellung zu geben, um dann eine Serie praktischer Programme anzubieten, die erfolgreich bei Augenüberanstrengung und visuell bedingten Kopfschmerzen helfen kann. Darüber hinaus hat dieses Programm auch die Absicht, die vielen teuren Irrtümer, die durch übermäßige Belastung der Augen und geistige Ermüdung entstehen, zu reduzieren und die geistige Wachheit anzuregen. Müde Augen führen zu einer Erschöpfung von Körper und Geist. Augen hingegen, denen ausreichend Liebe und Aufmerksamkeit entgegengebracht wird, unter anderem durch besondere Visualisationsübungen und Entspannungssitzungen, bringen nicht nur eine bessere Leistung am Arbeitsplatz, sondern verbessern auch für den ganzen Tag das allgemeine Arbeitsklima.

Den Kern dieses Programms bilden kurze, zweiminütige Unterbrechungen der Arbeit, die fast augenblicklich zu einer erweiterten Atmung, entspannten Augen und der Wiederbelebung geistiger Funktionen führen. Hierzu ist eine Audio-Kassette erhältlich (s. Anhang), die Sie durch die einzelnen Entspannungspausen, auch »Mini-Ferien für die Augen« genannt, leitet. Sie können die Kassette über Stereo-Lautsprecher hören oder auch über Kopfhörer, so daß die Kollegen am Arbeitsplatz nicht gestört werden.

Die Erholungspausen sollen Freude machen und zu einer Entspannung der Augen und des ganzen Körpers beitragen. Die begleitende Kassette enthält fünf verschiedene, zweiminütige Übungseinheiten, sowie zwei längere Übungen von je fünf Minuten, die Sie während der Kaffeepause, der Mittagspause oder nach der Arbeit machen können.

Die zweite Seite der Kassette enthält ein zwanzigminütiges Entspannungsprogramm für den Abend, wenn Sie wieder zu Hause sind. Mit diesen Programmen gibt es also endlich wirkungsvolle Hilfe auch für angestrengte Augen!

1

Ein Dorf ohne Augenbeschwerden

Vor einigen Jahren kehrte ein Freund von mir, ein Optometrist, von einer Reise durch Guatemala zurück und erzählte, es gäbe dort ein Dorf, in dem er keinen einzigen Menschen mit Brille gefunden hätte. Dies schien mir sehr unwahrscheinlich, da mehr als die Hälfte der Bevölkerung beispielsweise in den USA oder in Europa eine Brille trägt. Aber er erklärte allen Ernstes, er hätte über eine Woche in diesem kleinen Bergdorf verbracht, ohne auch nur einen einzigen Menschen mit Brille gesehen zu haben.

Ich hatte zu dieser Zeit ohnehin vor, meine Praxis eine Zeitlang zu verlassen, um mich weiterzubilden; aber statt Vorlesungen über medizinische oder psychologische Forschungen zu besuchen, packte ich meinen Rucksack und machte mich auf den Weg nach Guatemala — in der Hoffnung, in diesem kleinen Ort, von dem mein Freund mir erzählt hatte, etwas Wichtiges zu entdecken.

Wie sich herausstellte, lag dieser Ort in einer der unzugänglichsten Gegenden von Guatemala, was schon etwas heißen will in einem Land, in dem es große Dschungelgebiete und schwer zugängliche

Vulkanberge gibt. Unter der Oberfläche längst vergangener Schönheit und Ruhe brodelte zu der Zeit ein Bürgerkrieg; und als ich schließlich in der betreffenden, einsamen Gemeinde ankam, hatte ich eine Woche Wanderung durch tiefe Canyons und über windige Pässe hinter mir und für meinen Geschmack mehr als genug gefährliche Situationen der einen der anderen Art.

Das Dorf war so unberührt von der modernen Zivilisation, daß es vierzig Meilen um den Ort herum keine Buslinie gab, medizinische Versorgung nur dann, wenn ein durchreisender Arzt in das Dorf kam, und keinen richtigen Schulunterricht, wenn man von einem Schweizer absah, der seit Jahren bei diesem Stamm lebte und ein paar von den Kindern eine Mischung aus spanischen Grammatikgrundkenntnissen und einer nicht näher erklärbaren europäischen Philosophie beibrachte.

Der tiefere Grund für das völlige Fehlen jeglicher staatlichen Hilfe lag hauptsächlich daran, daß dieser Stamm seit dem Beginn des spanischen Einflusses in Zentralamerika vor vierhundert Jahren gegen jeden Einfluß spanischer Tradition auf ihre eigene indianische Kultur gekämpft hatte. Nur drei Wochen, bevor ich angekommen war, hatte es eine regelrechte Schlacht auf dem Hauptplatz des Dorfes gegeben. Regierungssoldaten mit Maschinengewehren hatten plötzlich auf dem Marktplatz das Feuer eröffnet, als Vergeltung für einen Angriff auf das Militär eine Woche davor.

Meine Ankunft in diesem Dorf wurde zunächst einmal also nicht gerade freundlich aufgenommen. Ich konnte nicht nur keine einzige Brille entdecken, sondern auch kein freundliches Lächeln. Aber als ich am Nachmittag ziemlich entmutigt auf dem Dorfplatz herumsaß, kam dieser sonderbare Schweizer auf mich zu. Er schien mich zu mögen, und bei Sonnenuntergang saß ich mit ihm und seiner indianischen Frau und Familie zusammen, aß Maistortillas und unterhielt mich mit ihm über die Sehfähigkeit der Leute dieser Gemeinde.

Er erzählte, es hätte über die Jahre hin wohl schon vereinzelte Besuche durch Optometristen aus dem Friedenskorps und anderer medizinischer Organisationen gegeben; und tatsächlich schien niemand eine Brille zu brauchen außer ein paar alten Leuten, die aber mit dem Zustand ihrer Sehfähigkeit, so wie er war, offensichtlich äußerst zufrieden gewesen wären und keine Brille gewollt hatten.

Also richtete ich mich in dem gastfreundlichen Haus des Schweizer Lehrers ein und begann in aller Ruhe, die kleine Gemeinde zu beobachten, um festzustellen, warum die Leute hier zufrieden waren mit der Art, wie sie das Leben sahen, und auch, um herauszufinden, warum zum Beispiel Kurzsichtigkeit in diesem Dorf entweder nicht existierte oder als ausreichender visueller Zustand zum Arbeiten und Leben akzeptiert wurde.

Als erstes fiel mir auf, daß es in den Haushalten fast keine Bücher oder Zeitungen gab. Einige der Jün-

geren konnten ein wenig lesen, wie ich herausfand, aber diejenigen, die sich von der kulturellen Welt außerhalb des Dorfes stark angezogen fühlten, hatten fast alle das Bergdorf verlassen und waren hinuntergezogen in die größeren Städte und Gemeinden. Diejenigen, die hier oben in den Bergen geblieben waren, schienen das Lesen für ihr Leben nicht besonders wichtig zu halten. Die Kinder schauten manchmal ein paar alte Donald-Duck-Hefte an, aber das war auch schon so ziemlich das Äußerste an literarischer Aktivität in diesem Dorf.
Auch meine nächste Beobachtung war leicht zu machen: Es gab nur einen einzigen Fernsehapparat in der ganzen Gemeinde. Er gehörte dem Oberhaupt des Dorfes; und jeder aus dem Dorf, der wollte, konnte abends auf die Veranda seines Hauses kommen und das flimmernde Schwarzweiß-Programm ansehen. Es war nur ein einziger Kanal zu empfangen, und auch das war abhängig davon, ob der Stromgenerator des Dorfes gerade funktionierte.
Doch die abendlichen Versammlungen rund um den magischen Kasten waren der Höhepunkt des sozialen Lebens, wie es schien. Manchmal saßen und standen hundert Menschen um den Fernsehapparat herum. Fast nie konnte man die Töne, die aus dem Gerät kamen, hören oder gar verstehen, obwohl der Lautsprecher ziemlich laut geschaltet war, weil jeder Witze oder Kommentare zum Programm abgab, oder mit seinem Nachbarn gerade über etwas völlig anderes, das nichts mit dem Pro-

gramm zu tun hatte, diskutierte. Die Gesichter derjenigen, die dicht vor dem Gerät saßen, wirkten geisterhaft in dem unnatürlichen Licht, und das unregelmäßige Flimmern ließ die starrenden Augen wie verzaubert wirken.
Häufig stand das Dorfoberhaupt mitten während des laufenden Programms auf und schaltete den Apparat mit lautem Schimpfen auf die Regierung aus, weil wieder einmal Regierungspropaganda gesendet wurde. Dann hielt er oft eine Rede, in der er seine eigene Version der gezeigten Geschehnisse darlegte, und schaltete das Gerät danach wieder ein, in der Hoffnung, daß inzwischen vielleicht eine Komödie oder irgendein anderer Film gezeigt würde.
Meine nächste Beobachtung war, daß niemand Tag für Tag an einem Computer saß und endlose Stunden lang auf einen flachen Bildschirm starrte. Es saß auch niemand in einer Fabrik, Tag für Tag, Monat für Monat, Jahr für Jahr über dieselbe Arbeit im Nahbereich gebeugt. Es gab also die starke Belastung der Augen, wie wir sie von modernen Industriegesellschaften her kennen, überhaupt nicht.
Es gab auch keine Büros, in denen Sachbearbeiter und Sekretärinnen den ganzen Tag lang über ihren Papieren und Zahlen saßen, noch gab es Universitäten, in denen Studenten ihre Augen anstrengten, um beim Lesen endlose Stunden lang auf winzig kleine schwarz-weiße Symbole zu schauen.
Statt dessen hatten die Menschen dort ganz andere

Tätigkeiten, die sie tagtäglich ausführten, soweit ich es bei meinem zweimonatelangen Aufenthalt feststellen konnte:
Die Männer waren hauptsächlich Bauern und Fischer, und ihre Arbeit gab ihren Augen die wundervolle Freiheit, in alle Richtungen zu sehen. Einen Moment lang schauten sie in die Nähe auf ihre Fischernetze, dann wieder in die Ferne, um das Wetter zu beobachten, dann blickten sie vielleicht herüber zu ihren Kollegen im Boot, dann wieder auf die Oberfläche des Wassers, auf die mächtigen Vulkanberge und auf das weit entfernte Dorf. Ihre Augen vollbrachten wichtige Arbeit; aber gleichzeitig war ihr Sehen eine freie Erfahrung, nicht eingegrenzt und ausgerichtet durch Computer-, Fabrik- oder Büroarbeit.
Das gleiche galt für die Bauern, die zum Beispiel auf den Boden sahen, wenn sie Gras schnitten, oder beobachteten, wie das Wasser durch die Bewässerungskanäle floß, und dann einen Moment innehielten und in die Ferne schauten. Diese Männer hatten sehr scharfe und wachsame Augen, und wegen der jahrelangen Erfahrung im Guerillakampf waren sie gewohnt, während ihrer normalen Arbeit auch gleichzeitig nach unerwarteten Angriffen von allen Seiten Ausschau zu halten.
Aber trotzdem waren ihre Augen voller Leben, voller Gefühle — und bei fast allen war die Sehfähigkeit scharf wie die eines Adlers. Mit einem Wort, ihre Augen hatten die Freiheit, spontan zu

schauen, wohin sie wollten, ohne die aufgezwungene Gewohnheit des Starrens auf Arbeiten im Nahbereich, wie es bei fast allen »zivilisierten« Menschen auf dieser Welt der Fall ist.

Was die Frauen betrifft: Erst hatte ich den Eindruck, ihre Arbeit sei anstrengend für die Augen. Viele der Frauen machten zum Beispiel Webarbeiten, bei denen sie ihre Augen ja schließlich auf eine Präzisionsarbeit richteten. Zunächst sah das für mich wie Fabrikarbeit aus; und so setzte ich mich eines Tages neben die Frau meines Schweizer Freundes und beobachtete sie bei ihrer Handarbeit.

Sie hatte das Ende eines Fadens um einen nahen Baum geschlungen, das andere Ende um ihren Rücken, so daß der Teil des selbstgemachten Webstuhls, an dem sie arbeitete, genau vor ihr lag. Sie arbeitete meisterhaft; ihre Finger bewegten sich schneller, als ich ihnen mit meinen Augen folgen konnte, während vor ihr ein Muster entstand, das sie selbst erfunden hatte. Jede Frau durfte, wenn sie heiratete, ihre eigene Version, ihre eigene Abwandlung des Familienmusters kreieren. Das Familienmuster des Ehemannes wurde in das der eigenen Familie integriert, und aus dieser Kombination gestaltete die Frau dann ihr eigenes Muster.

Ihre Augen waren jedoch nicht ständig auf ihre Handarbeit gerichtet, wie ich erst dachte. Sie hob zum Beispiel in regelmäßigen Abständen den Kopf, tat einen tiefen Atemzug und blickte hinüber

zu ihrem zweijährigen Kind (mit seinen dort exotisch aussehenden europäisch-blonden Haaren), das in einiger Entfernung spielte. Dann schaute sie noch weiter in die Ferne zu den Männern in den Fischerbooten. Schließlich richtete sie den Blick sogar noch weiter in die Ferne, hinauf zu den beiden Vulkanbergen, die im Glauben der Menschen dieses Dorfes noch immer mächtige Götter waren.
Dann gab sie der selbstgebauten Wiege vor ihr einen kleinen Schubs, mit dem ihre kleine Tochter fröhlich weiter schaukeln konnte. Ihre Augen schauten einen Moment lang auf das Baby, und dann schickte sie einen schnellen, etwas scheuen Blick zu mir hinüber, und kehrte schließlich zu ihrer »Fabrik«-Arbeit zurück.
Später ging sie hinunter zum See, um Kleidung zu waschen. Sie schaute dabei auf ihre Wäsche, dann auf den See und hielt mit den anderen Frauen, während sie alle knietief im Wasser standen, einen kleinen Schwatz. Sie waren schüchtern, als sie bemerkten, daß ich sie beim Waschen beobachtete; doch ihre Augen waren mit Sicherheit scharf genug, um meinen Blicken auf eine ziemliche Entfernung zu begegnen.
Später am Tag saßen die Frauen in kleinen Gruppen zusammen und mahlten auf die traditionelle Art Mais für die Tortillas, und ihre Augen blickten ab und zu auf die Arbeit im Nahbereich; die meiste Zeit über aber schauten sie, wohin sie wollten, während die Hände die Arbeit machten.

Abends wurden, da es kein elektrisches Licht gab, Kerzen angezündet, und die Dunkelheit beendete jegliche Augenarbeit für den Tag. Die Leute saßen zusammen und unterhielten sich. Ein Gefühl von Entspannung lag über dem ganzen Dorf, irgendwo plärrte ein Radio vor sich hin, und die Augen der Dorfbewohner bereiteten sich langsam aufs Schlafengehen vor.

Ich glaube, es läßt sich sagen, daß jeder in dieser Dorfgemeinschaft mit entspannten, nicht ermüdeten Augen schlafen ging, denn es hatte den Tag über keine Arbeit gegeben, die die Augen hätte überanstrengen können. Außerdem hatte es auch keine Arbeit gegeben, die zusätzliche geistige Anstrengung bedeutet hätte, noch waren die Körper dieser Menschen verspannt durch unnatürliche Körperhaltungen während der Arbeit. Daher waren die Muskeln am Abend entspannt und gesund, und die Augen schläfrig, aber nicht übermüdet.

Ich weiß, ich zeichne hier ein ziemlich romantisches Bild dieser kleinen Gemeinde hinsichtlich Politik, Krankheit, Armut und so weiter. Aber aus der Sicht der Augen dieser Menschen war dieser Zustand paradiesisch, und wir können daraus einiges lernen, wenn wir darüber nachzudenken beginnen, warum so viele von uns unter einer fast chronischen Überbeanspruchung der Augen und an daraus resultierenden Kopfschmerzen, geistiger Ermüdung und emotionaler Frustration leiden.

Natürlich können wir nicht zurückkehren zu einem primitiven Lebensstil, der unsere Augen von vielen Belastungen und unnatürlicher Überarbeitung befreien würde, und die meisten von uns würden das wohl auch nicht wollen. Aber vielleicht können wir die grundsätzlichen Ursachen von visuellen Problemen, die auf Überbeanspruchung zurückzuführen sind, korrigieren. Vielleicht können wir in unsere bestehende Arbeitssituation etwas von der Schönheit des traditionellen visuellen Erlebens einbringen, während wir trotzdem weiterhin unseren normalen heutigen Lebensstil fortsetzen. Genau hierin besteht die Herausforderung.

2

Unsere Augen als Arbeitspferde

Die meisten von uns träumen von Zeit zu Zeit davon, wie wunderbar es wäre, wenn wir unsere moderne Zivilisation irgendwie verschwinden lassen und in einer ruhigen, harmonischen, idyllischen Welt leben könnten wie diese indianische Gemeinde, die ich im letzten Kapitel beschrieben habe.

Tatsächlich aber würden nur sehr wenige von uns in jener Welt zufrieden sein. Auch ich selbst hatte mit dem Gedanken gespielt, mein hektisches Leben in den Vereinigten Staaten einfach hinter mir zu lassen und mit diesem Schweizer und seiner Familie zusammenzuleben und dessen ruhiges, entspanntes Leben zu teilen. Nach ein paar Monaten jedoch sehnte ich mich wieder zurück nach meinem normalen Lebensstil. Ich hatte wieder Lust zu lesen, einen neuen Film zu sehen; ich hatte sogar Lust, meine Praxis wieder zu öffnen und die Probleme dieser Welt durch meine Tür und in mein Leben hineinzulassen.

Unser hochzivilisiertes Leben mit seiner großen Bequemlichkeit, seinem Geld, der ständigen Kommunikationsmöglichkeit und Unterhaltung durch

die Medien hat auch viele schöne Seiten, die wir nicht alle aufgeben wollen, nur weil wir gelangweilt, erschöpft und mit müden Augen von der Arbeit kommen.
Aber wir müssen zugeben, daß wir einen hohen Preis zahlen für unseren Luxus, für ein Leben voller Anregungen und für die Bequemlichkeit und Sicherheit in unserem Leben. Die Luft, die wir atmen, ist meist mehr oder weniger stark verschmutzt, die Nahrungsmittel sind voller gesundheitsgefährdender Zusatzstoffe, und unsere Ohren werden fast immer von irgendeiner Art lärmendem Geräusch belästigt, und wir haben nur wenig Raum für Frieden und Ruhe.
Und das vielleicht Wichtigste, zumindest, was Augenschmerzen und damit zusammenhängende Unannehmlichkeiten betrifft: Unsere Arbeitssituation ist sehr häufig sowohl eine extreme Belastung für Körper und Geist wie auch für die emotionale Situation. Um zu überleben, müssen die meisten von uns schon früh am Morgen in irgendein Büro hasten, wo wir ständig Arbeiten verrichten, die fast immer unsere spontanen Wünsche nach Bewegung, Abwechslung und Entfaltung unserer Persönlichkeit einengen oder sogar unmöglich machen. Schon bevor wir unsere erste Arbeitsstelle haben, sitzen wir jahrelang auf der Schulbank und zwingen unsere Augen über lange Zeit hinweg, sich beim Lesen auf kleine Schriftsymbole zu konzentrieren.

Mit einem Wort, wir haben die Freiheit der Bewegung verloren, für unseren Körper ganz allgemein und besonders für die Augen. Auch unser Geist ist schon lange nicht mehr frei. Wir sind acht Stunden am Tag an einen Schreibtisch »gekettet«, denn wir wissen, wenn wir unserem inneren Impuls nachgeben und einfach aufstehen und spazierengehen, verlieren wir unsere monatliche Gehaltszahlung und damit die Eintrittskarte für den großen Spielplatz der modernen Welt.

Die Indianer in der Gemeinde, die ich gerade so ausführlich beschrieben habe, waren extrem arm; aber in all ihrer Armut hatten sie doch große Reichtümer. Sie waren – und das ist vielleicht das Wichtigste – ihre eigenen Herren. Sie entschieden jeden Morgen selbst, was sie an diesem Tag tun würden, entsprechend den einfachen Gegebenheiten ihres Lebens, und handelten aufgrund ihrer eigenen Entscheidungen, statt wie wir in ein vorgegebenes System hineinzukommen, das uns vorschreibt, wie wir uns zu verhalten haben.

Wenn Sie einmal einen Moment an Ihre ersten Lebensjahre denken, werden Sie sich an eine Zeit erinnern, in der Ihre Augen frei waren, zu schauen, wohin sie wollten. Diese natürliche Freiheit endete spätestens mit dem Beginn der Schule. Wenn Sie nicht dorthin sahen, wohin der Lehrer es wollte, wurden Sie bestraft, nicht wahr? Kleine Kinder gehen davon aus, daß sie die Freiheit haben, zu schauen, wohin sie wollen, denn so ist ihr Leben bisher immer gewesen. Irgend etwas zieht die Aufmerksamkeit des Kindes auf sich, und es sieht dorthin. Sobald etwas uninteressant wird, suchen die Augen des Kindes einen anderen Blickpunkt.

Dann aber, im Alter von fünf oder sechs Jahren, verändert sich die gesamte Seherfahrung grundlegend. Das Kind beginnt sich darüber klar zu werden, daß die Gesellschaft allen Mitgliedern die verschiedensten Zwänge auferlegt. Jedes Kind muß zum Beispiel lernen, auf diese eigenartigen kleinen schwarzen Symbole auf dem weißen Papier zu schauen. Wie langweilig! Aber wenn es seine Augen nicht dazu anhält, auf diese Symbole zu sehen, dann ... Achtung, Strafe!

Unsere naturgegebenen Instinkte wurzeln in dem spontanen Wechsel unserer Augen von uninteressanten zu interessanten Objekten in unserer Umgebung.

Dann aber kommen wir zur Schule, wo diese Instinkte unterdrückt werden müssen. Bitte glauben Sie nun nicht, ich würde die Zivilisation ablehnen und behaupten, Lesen und Schreiben zu lernen sei etwas »Schlechtes«. Nein, ich stelle nur fest, was in der heutigen Zeit mit unseren Augen passiert, und wie wir uns aus dem aus unseren Verhaltensweisen resultierenden Streß und der geistigen Müdigkeit befreien könnten, indem wir die Ursachen für diesen Streß besser verstehen lernen.

Es stimmt nun einmal, daß wir unsere Augen kontrollieren müssen, wenn wir in der Schule erfolgreich sein wollen. Unsere Augen möchten im Raum umherwandern, um zu sehen, was um uns herum vorgeht, um Kontakt mit anderen Kindern aufzunehmen oder um einen Falken draußen am Himmel zu beobachten oder verträumt zuzusehen, wie eine Wolke hinter den Bäumen auf dem Schulhof vorbeizieht. Statt dessen sagt uns unser Verstand, daß es notwendig ist, die natürlichen Bewegungen der Augen einzuschränken und uns auf den Unterrichtsstoff zu konzentrieren. Denn es ist offensichtlich: In unserer Kultur werden wir versagen, wenn wir uns nicht auf unsere Schularbeit konzentrieren; wir würden die Möglichkeit verlieren, an der Kultur, in die wir hineingeboren sind, teilzunehmen.

Also drängt der Verstand die Augen zu einer Arbeit, die für sie extrem anstrengend und langweilig ist. Die Augen sind so »gebaut«, daß sie zum Beispiel den regelmäßigen Blick in die Ferne brauchen, um die Muskelanspannung, die durch das Nahsehen erzeugt wird, auszugleichen. Lesen erfordert jedoch, daß wir den Impuls, in die Ferne zu schauen, unterdrücken.

Das Ergebnis ist aus physiologischer Sicht ganz einfach eine erhebliche Belastung der Augen.

Wenn Sie in die Ferne sehen, sind die Ziliarmuskeln im Inneren des Auges, welche das »Scharfstellen« auf einen bestimmten Abstand (Fokussieren) bewirken, in einem entspannten Zustand. Nur wenn Sie auf einen Gegenstand im Nahbereich blicken, müssen sich diese Muskeln zusammenziehen; und das Beibehalten dieser Kontraktion über längere Zeit ohne Unterbrechung führt zur Muskelermüdung.

Um diese Belastung auszugleichen, gibt es eine einfache Regel: Sehen Sie in die Ferne, wann immer Sie Ihre inneren Augenmuskeln entspannen wollen!

Die Indianer dort in Guatemala, die ich beschrieben habe, blicken regelmäßig in die Ferne, auch wenn sie mit Arbeiten im Nahsehbereich beschäftigt sind. Der Durchschnittsmensch in einem Büro aber tut dies nicht, auch nicht der Durchschnittsstudent oder der Durchschnittsarbeiter in einer Fabrik.

Statt dessen befinden wir uns in geschlossenen Räumen, mit Arbeiten beschäftigt, die ein regelmäßiges Schauen in die Ferne unterbinden.

Folge davon sind Beschwerden wie: rasche Ermüdung der Augen, Brennen und Rötung der Augen, Kopfschmerzen u. a. Die Augen sind dazu gebaut, regelmäßig in die Ferne zu schauen; aber wir halten unsere Aufmerksamkeit gewohnheitsmäßig auf ein und denselben Abstand gerichtet. Das ist weder natürlich noch gesund.

Dazu gibt es noch einen zweiten Aspekt, den wir »im Auge behalten« sollten, wenn wir uns damit beschäftigen, wie die Sehbedingungen unser Sehvermögen beeinflussen. Das menschliche Auge blickt instinktiv in der Umgebung umher, um rechtzeitig

Gefahren zu entdecken, genauso wie ein Hirsch oder ein Vogel oder ein Löwe dies tut. Genetisch betrachtet ist es noch gar nicht so lange her, daß wir im Dschungel lebten. Was die Funktionsweise unserer Instinkte angeht, ist es erst sehr kurze Zeit her, daß wir regelmäßig unsere Umgebung nach möglichen Gefahren abgesucht haben, bevor wir uns wieder unserer Arbeit im Nahbereich zuwandten.
Augen sind gern in Bewegung!
Zusätzlich zu den Ziliarmuskeln im Inneren des Auges, die die Form der Linse beim Scharfstellen verändern, haben wir noch sechs äußere Augenmuskeln, die zusammenarbeiten müssen, um beide Augen in dieselbe Richtung zu bringen.
Auch in diesen Muskeln erzeugen wir Verspannung und Ermüdung, wenn wir sie zwingen, ständig angespannt zu sein, um sie über längere Zeit auf ein begrenztes Blickfeld zu richten.
Wenn Sie zum Beispiel etwas lesen, bewegen sich Ihre Augen zwar, aber die Art der Sehaufgabe ist stets die gleiche, denn die Augenfolgebewegungen vollziehen sich immer wieder von links nach rechts und zurück. Den Augen bleibt hier wenig Spielraum für einen Blickwechsel.
Das Ergebnis sind Beschwerden wie: Augenschmerzen, Kopfschmerzen, Schulterverspannungen und Atemverspannungen. Lesen ist keine natürliche Aktivität. Wir sind nicht dafür geschaffen, Bücher zu lesen; ganz bestimmt nicht länger als fünf Minuten hintereinander ohne Unterbrechung.

Unsere heutige Lebensrealität hat sich aber in eine Richtung entwickelt, in der das Lesen schon fast für das Überleben notwendig ist; ganz bestimmt aber für unseren Erfolg im Leben.
Wir müssen uns also überlegen, wie wir lesen können, ohne dabei die Augen übermäßig anzustrengen. Es gibt hierzu verschiedene Methoden, die Sie leicht erlernen können, um Verspannungen und Erschöpfung zu vermeiden.
Bevor wir uns mit diesen Methoden im einzelnen beschäftigen, sollten wir uns einmal genauer ansehen, was in den Augen geschieht, während Sie diese Sätze lesen. Wir sind ja jetzt wirklich in einer eigenartigen Situation: Sie lesen Worte, die Ihnen sagen, daß das Lesen dieser Worte visuellen Streß erzeugt. Ich, als Sehtherapeut, spreche über diese Wirkung des Lesens und schreibe trotzdem, damit Sie das Geschriebene lesen sollen!
Die Lösung besteht aber nicht darin, gar nicht mehr zu lesen, sondern vielmehr darin, zu verstehen, wie wir so lesen können, daß es zu keiner Überlastung der Augen kommt.

3

Entspannt lesen

Nehmen Sie einmal spürbar wahr, wie Ihre Augen jetzt, während Sie diese Zeilen lesen, reagieren. Lesen Sie in einem entspannten Tempo, oder haben Sie die Angewohnheit, sich zu möglichst schnellem Lesen zu zwingen?
Wie wäre es, wenn Sie sich dazu entschließen könnten, von jetzt ab ein wenig langsamer zu lesen? Wie würde sich Ihre Lesegewohnheit ändern, wenn Sie ein wenig langsamer, entspannter lesen und das, was Sie lesen, mehr genießen könnten; auch wenn das bedeutet, daß Sie in der gleichen Zeit weniger Seiten »schaffen«?
Als wir Kinder waren, wurden wir dazu angehalten, schneller und schneller zu lesen, so als ob mehr immer auch besser wäre, auch wenn wir dadurch, daß wir in der gleichen Zeit mehr lesen konnten, weniger von dem, was der Autor vermitteln wollte, aufnehmen konnten. Früher einmal war das Lesen eine starke emotionale Erfahrung. Aber besonders in den letzten Jahrzehnten haben wir den Kindern beigebracht, mehr wegen der Informationsaufnahme zu lesen als um eines tiefen inneren Kontaktes mit dem Autor willen.

Können Sie über eine bestimmte Lesegeschwindigkeit hinaus wirklich noch emotional dem folgen, was im Text ausgesagt wird? Gibt es eine Beziehung zwischen Ihrer Lesegeschwindigkeit und Ihrer gefühlsmäßigen Bewußtheit beim Lesen?

Wenn wir etwas betrachten, auch wenn wir Worte lesen, die eine Situation beschreiben, so sehen wir diese Situation gleichzeitig mit dem logischen Verstand und mit dem Gefühl. Die Augen sind dabei wichtige Vermittler.

Allzu oft zwingen wir uns jedoch, schneller zu lesen, als wir eigentlich können, und wir verlieren dadurch den Bezug zu den Gefühlen. Unser Verstand wird isoliert und ist nicht mehr im Kontakt mit dem, was außerhalb seines Bereiches vor sich geht.

Das ist eine der Hauptursachen für viele Augenprobleme.

Wenn Ihre Arbeit Sie so sehr beansprucht, daß Sie den Kontakt zu Ihren Gefühlen verlieren, dann sind Sie in Gefahr.

Denn wenn Sie erst einmal den Kontakt zu den Gefühlen in Ihrem Körper verloren haben, werden Sie zum Beispiel nicht mehr bemerken, daß Sie beim Lesen Ihre Nacken- und Schultermuskeln anspannen. Wenn Sie nicht mehr wahrnehmen, daß Sie dies tun, werden Sie chronische Verspannungen in diesen Muskeln erzeugen, und diese Verspannungen führen dann schließlich zu Schmerzen, die Sie plötzlich bemerken, wenn Sie einen Moment in Ih-

rer Arbeit innehalten oder in Ihren Körper hineinhorchen.
Erspüren Sie einmal, jetzt, in diesem Moment, während Sie diese Worte lesen, wie sich Ihre Schulter- und Nackenmuskeln anfühlen. Spannen Sie sie beim Lesen gewohnheitsmäßig an, oder sind Sie vollkommen entspannt?
Muskelverspannungen sind selten ein isoliertes Geschehen. Wenn Ihre Augenmuskeln verspannt sind, ist es wahrscheinlich, daß Ihre Schulter- und Nackenmuskeln es ebenso sind. Sind Ihre Schulter- und Nackenmuskeln unter Spannung, so können Sie fast sicher sein, daß auch Ihre Atemmuskulatur angespannt ist.
Beobachten Sie einmal Ihre Atmung während Sie jetzt weiterlesen. Beachten Sie, wie der Atem ein- und ausströmt und lassen Sie den Atem auch ruhig einmal anhalten, wenn dies von selbst geschieht. Ist Ihre Einatmung weich, oder spüren Sie eine Spannung in den Muskeln, die die Luft in Ihre Lungen hineinbringen? Ist Ihre Ausatmung tief und entspannt, oder eher flach? Wird das völlige Entleeren der Lungen durch irgend etwas blockiert?
Wir haben ja bereits festgestellt, daß das Atemgeschehen mit dem Sehvorgang eng verknüpft ist. Verspannte Augen sind ein Zeichen für eine verspannte Atmung; und ein befreiter Atem bewirkt wiederum einen gelösten Zustand in den Augenmuskeln.
Es ist sicher nicht ganz einfach, Verspannungen in

den inneren Augenmuskeln bewußt zu lösen. Aber Sie können damit beginnen, Ihre Atmung zu entspannen und so eine entspannende Wirkung auf Ihre Augenmuskeln erreichen.

Der springende Punkt bei der Entspannung der Atmung ist folgender: Beobachten Sie einfach, während Sie jetzt diese Worte lesen, das Kommen und Gehen des Atems, ohne zu versuchen, den Atemrhythmus absichtlich zu steuern. Denn Kontrolle führt nur zu weiterer Anspannung. Probieren Sie, Ihre Atmung loszulassen, und beobachten Sie, was geschieht. Akzeptieren Sie die Verspannungen, die Sie vielleicht dabei gerade jetzt in Ihrer Atmung feststellen. Vielleicht halten Sie regelmäßig den Atem an, oder Sie atmen unregelmäßig und verspannt. Akzeptieren Sie dies als Ihren momentanen Zustand, und beobachten Sie einfach weiter und stellen Sie fest, ob Ihre Atmung sich von selbst verändert, während Sie sie beobachten.

Das ist das Wunderbare an der Atmung — während wir sie ohne Beurteilung oder Kontrolle beobachten, beginnt sie von selbst tiefer und gleichmäßiger zu werden, einfach als Ergebnis liebevoller Achtsamkeit.

Ein erster grundsätzlicher Schritt zur Entspannung der Augen und zu mehr Wohlbehagen im Körper während des Lesens besteht also darin, daß Sie mit Ihrem Körper und besonders mit Ihrer Atmung in Kontakt bleiben.

Zumindest jedesmal, wenn Sie eine Seite umblättern, können Sie sich angewöhnen, ein paar Atemzüge lang Ihre Atmung zu beobachten. So erhalten Sie ein doppelt wertvolles Ergebnis: erstens reduzieren Sie die muskulären Anspannungen in den Augen und im ganzen Körper, und zweitens erhalten Sie dadurch Zugang zu Ihren inneren Gefühlen.

Zu arbeiten bedeutet nicht selten, irgendeine Tätigkeit ausführen zu müssen, unabhängig davon, ob wir dies gerade möchten oder nicht. Um zu überleben, müssen wir arbeiten. Auch ein Fischer geht seiner Arbeit nach; und häufig muß auch er sich dabei zwingen, tätig zu werden. Dies ist eine Notwendigkeit des menschlichen Lebens, von der es wohl kein Entkommen gibt.

Aber daraus folgt noch lange nicht, daß wir während der Arbeit unser gesamtes Gefühlsleben den Arbeitserfordernissen unterordnen müssen. Wir haben immer die Möglichkeit, unsere Atmung und unsere inneren Gefühle zu beobachten, so daß wir in der Arbeit wir selbst bleiben können. Dies ist ein äußerst wichtiger Punkt.

Der Trick besteht hier darin, die innere Bewußtheit mit den Erfordernissen der Arbeit in Einklang zu bringen, so daß beide Seiten der Persönlichkeit lebendig bleiben.

Das Lernen in der Schule gleicht vielfach den Arbeitsanforderungen im späteren Beruf. Es ist etwa erforderlich, daß Sie für ein Unterrichtsfach ein Buch lesen, weil Sie zur Aufgabe bekommen haben, den Inhalt bis zur nächsten Stunde zu kennen.

Das zwingt Sie dazu, Ihre Augen über längere Zeit einzusetzen und die Information zu verarbeiten, damit Sie sie zum späteren Abruf im Gedächtnis bereit haben.
Sie haben dabei die Möglichkeit, im Gleichgewicht zu bleiben, und im Kontakt zu sein mit Ihrer inneren Mitte, was weit über die Fähigkeit der Speicherung von Information für späteren Abruf hinausgeht. Es scheint so, daß Menschen keine vollständige Befriedigung in ihrem Leben finden, wenn sie lediglich als kognitive Computer funktionieren. Wir brauchen die emotionalen Bereiche, wir brauchen die physischen Empfindungen und wir brauchen körperliche Bewegungen, um uns gut zu fühlen.
Wenn Sie sich jedoch dazu zwingen, endlose Stunden lang ein Buch zu lesen, und sich dabei vollkommen in die Aufnahme von neuen Konzepten und Informationen verlieren, ohne Kontakt mit Ihrem Körper und Ihren Gefühlen, dann wundern Sie sich bitte nicht, wenn Sie am Ende des Buches völlig erschöpft sind. Zwar wurden bei der Lektüre eine Menge an Informationen gespeichert, zugleich ging jedoch der Kontakt zum eigenen Lebendigsein verloren.
So schnell zu lesen, daß Sie nicht mehr mit dem Hier und Jetzt in Kontakt bleiben können, bedeutet in der Tat, Zeit zu verlieren. Sie drängen dabei so sehr in die Zukunft, daß Sie die Gegenwart verlieren. Die Gegenwart, das Jetzt zu verlieren, bedeu-

tet aber auch den einzigen Platz zu verlieren, wo wir die Freude am Leben genießen können.
Ich möchte Ihnen daher folgendes vorschlagen: Nehmen Sie den Schmerz und die Frustration, die Sie fühlen, wenn Sie ein solch schnelles Lesen beendet haben, als positives Zeichen, das Sie zwingt wahrzunehmen, daß Sie da etwas tun, was gegen Ihre Natur ist.
Wie reagieren Sie auf diese Worte? Lauschen Sie nach innen und fragen Sie sich, was die Ursachen für diese Schmerzen sind? Oder zwingen Sie sich auch jetzt noch zu schnellerem Lesen, um die Gegenwart nicht bewußt wahrnehmen zu müssen?
Es gibt eine einfache Methode, um dieses Leseverhalten zu ändern. Pausieren Sie zum Beispiel nach jeder fünften Seite, um kurz, fünf Atemzüge lang, aufzuschauen. Blicken Sie in die Ferne, damit Ihre Augenmuskeln sich entspannen können. Dehnen Sie Ihren Körper und gähnen Sie, wenn Sie möchten. So haben Sie jeweils eine kurze Erholungspause zwischen den einzelnen Lesephasen.
Interessanterweise können Menschen stundenlang hintereinander einen Roman lesen, ohne sich auch nur im geringsten angestrengt zu fühlen, eben weil sie den Roman in einem entspannten Zustand lesen, weil ihre Gefühle in die Geschichte integriert sind, und weil ihre Atmung mit dem, was sie da lesen, korrespondiert. Wenn dieselben Personen irgendein Lehrbuch lesen müssen, werden sie bald

unter Augenermüdung, Kopfschmerzen, Übelkeit usw. leiden.
Der Inhalt dessen, was Sie lesen, bestimmt also mit, wie Ihr Körper auf den Lesevorgang reagiert. Unabhängig vom Thema eines Buches ist es wichtig, sich daran zu erinnern, daß die Augenmuskeln beim Lesen angespannt sind. Sie sollten sich also, beginnend mit dem Ende dieses Absatzes, angewöhnen, in gewissen Zeitabständen vom Buch aufzuschauen, tief ein- und auszuatmen, sich zu dehnen und den Blick in die Ferne schweifen zu lassen.

4

Computerstreß

Vor der Einführung von Computern bestand die visuelle Informationsaufnahme hauptsächlich im Lesen von Buchstaben und Zahlen auf bedrucktem Papier. Die Einführung des Computers jedoch hat diese Art der visuellen Beanspruchung in kürzester Zeit stark verändert: vom Ablesen von Papierseiten zur Lesearbeit an Bildschirmgeräten.

Der Computer ist tatsächlich eine erstaunliche Erfindung. Diese Geräte sind unglaublich schnell in der Aufnahme und Verarbeitung von Informationen. Im Hinblick auf viele notwendige Arbeitsvorgänge sind sie mit Sicherheit ein Segen für die Menschheit.

Zugleich gibt es jedoch auch offensichtliche Probleme, besonders im Hinblick auf die Auswirkungen, die diese Geräte bei ständiger Benutzung auf die Funktionsweise und die Gesundheit von Menschen haben.

Falls Sie zu denjenigen gehören, die bei ihrer Arbeit Tag für Tag über viele Stunden hinweg am Computer sitzen, auf einen Bildschirm starren und dabei versuchen, keine mentalen und motorischen Fehler zu machen, dann wissen Sie mit Sicherheit, was Streß in Zusammenhang mit Computerarbeit bedeutet.

Dann wissen Sie bestimmt aus eigener Erfahrung, daß sich Verspannungen in Nacken- und Schulterbereich schneller entwickeln und daß Sie häufiger Kopfschmerzen bekommen, wenn Sie am Bildschirmgerät sitzen, als wenn Sie mit Papier und Schreibstift arbeiten. Dann wissen Sie auch, daß Ihre Augen viel mehr Streßsymptome entwickeln, während Sie auf den Bildschirm starren, als wenn Sie auf die Papiere auf Ihrem Schreibtisch schauen.

Aus welchem Grunde nun genau Computerarbeit mehr Streß erzeugt als traditionelle Büroarbeit, bleibt eine zwischen Fachleuten heiß diskutierte Frage, und ich kann hier keine hundertseitige Darstellung der verschiedenen Theorien geben. Statt dessen möchte ich mich auf verschiedene Bewältigungsstrategien bei Bildschirmstreß konzentrieren.

Ich selbst begann mich etwa ein Jahr nach meiner Rückkehr aus Guatemala mit diesem Problem zu beschäftigen, als ich nach New York eingeladen wurde, um bei IBM ein Großraumbüro zu besichtigen, das in viele winzig kleine Boxen unterteilt war, von denen jede einen Menschen und einen Computer enthielt.

An den Bildschirmgeräten wurden Sozialversicherungsdaten bearbeitet. Mehr als tausend Menschen machten im Grunde die gleiche Art von Arbeit an ihren Bildschirmen. IBM hatte Interesse an meinen Erfahrungen mit Seh- und Atemprogrammen, die dem Streßabbau dienten. Diese Erfahrungen sollten dann einfließen in ein IBM-Programm zum Streßabbau an Bildschirmarbeitsplätzen. Danach sollte ich zusammen mit einem Programmierer ein Computerprogramm entwickeln, das die an Datensicht-Arbeitsplätzen Beschäftigten zu einigen einfachen Anti-Streß-Übungen anleiten würde. Dieses Programm sollte in die IBM-Computer eingegeben werden, auch um zu zeigen, daß IBM die erste Firma sein würde, die wirksame Hilfen bei Bildschirmstreß anbot.

Die Idee war gut. Nach meinen Beobachtungen war auch ein dringendes Bedürfnis vorhanden. Also nahm ich mir einige Monate Zeit, in der ich mich ausschließlich mit dieser Aufgabe beschäftigte.

Was für ein Erlebnis! Ich versuchte, einem Computer beizubringen, wie man atmet, damit er dann diejenigen, die an ihm arbeiten würden, instruieren könnte, besser und entspannter zu atmen. Wir entwickelten einen Text, der eine kurze Einführung in das Thema Streßabbau gab, und dann folgten ein paar sehr schöne Grafiken zum »Mitatmen«. Wir entwickelten sogar verschiedene Variationen, unter denen die Benutzer auswählen konnten, so daß jeder die Atem-Grafiken nach jeweils eigenen Bedürfnissen und nach dem eigenen, natürlichen Atemrhythmus einstellen würde.

Dann begannen der Programmierer und ich, Zen-Meditationen in die Computergrafiken einzufügen, weil wir dachten, auf diese Weise alle möglichen Arten von Bewußtseinserweiterungen anregen zu können.
Aber tief in meinem Inneren mochte ich die Arbeit, die ich da tat, nicht. Vielleicht würde ich den Menschen an den Computern helfen können, den Streß während ihrer Arbeit zu reduzieren; aber irgendwie wurde ich den Verdacht nicht los, daß ich damit dazu beitrug, die an Datensichtgeräten Beschäftigten weiter in eine Richtung zu drängen, die ihnen ihre Freiheit noch mehr nahm, statt etwas davon zurückzugeben.
Wenn ich wirklich den Menschen helfen wollte, den gesundheitlichen Auswirkungen der Computerarbeit wirkungsvoll entgegenzuwirken, dann mußte der erste Schritt sein, den Computer regelmäßig auszuschalten und diesen Kontakt von Mensch und Maschine zu unterbrechen; zumindest für kurze Zeit. Statt dessen würde ich dazu beitragen, sie vielleicht noch länger am Bildschirm festzuhalten, während der Computer sie noch mehr manipulieren konnte.
So traf ich eine finanziell wohl sehr ungünstige Entscheidung und hörte mit der Entwicklung dieses Programmes auf. Ich wünschte alle Computer zur Hölle und beschäftigte mich einige Jahre lang überhaupt nicht mehr mit dem Thema.
Dennoch beschäftigte mich die Erinnerung an die

Bildschirmarbeiter/innen, die acht Stunden jeden Tag an den Computern saßen, weiterhin sehr. Zu der Zeit, als ich damals meine Untersuchungen über Computerarbeit machte, lag die Zahl derjenigen, die täglich an Bildschirmgeräten arbeiteten, in den USA bei zwölf Millionen. Irgend etwas Positives, dachte ich, müßte für die durch Bildschirmarbeit überforderten Augen getan werden; aber was nur?

Das vorliegende Buch ist eigentlich ebenso aus meinen Erfahrungen bei IBM damals in New York wie auch aus den Erfahrungen mit dem »Dorf ohne Brillen« in Guatemala entstanden.

Nach einigen Jahren, in denen ich darüber nachdenken konnte, und nach einem längeren Aufenthalt in Europa, durch den ich meine eigene Kultur aus einem anderen Blickwinkel zu sehen lernte, wurde mir klar, daß gerade die Kombination von Buch und begleitender Kassette sehr hilfreich ist, um sowohl die zugrundeliegenden Informationen wie auch die Anleitung zu praktischen Übungen weiterzugeben.

Der erste Schritt ist dabei jeweils die Darlegung der zugrundeliegenden Informationen, um zu zeigen, wie eine Verminderung von durch Computer erzeugtem Streß erfolgen kann. Auch die genaue Beschreibung der einzelnen Entspannungspausen und Übungen hat sich als sehr wertvoll erwiesen.

Der zweite Schritt, diesmal unabhängig vom Bildschirmgerät, besteht dann darin, die das Buch be-

gleitende Kassette in den Entspannungspausen zu hören.
Was Sie tun sollten, um sich vom Computerstreß zu befreien, ist, zunächst erst einmal die Augen zu schließen! Dann, unter Anleitung einer freundlichen Stimme auf der Kassette, lösen Sie sich für einige Minuten von der Arbeitssituation. Sie können auf eine kleine Phantasiereise gehen, den Atem bewußt wahrnehmen, meditieren oder einige Bewegungsübungen durchführen, um so Verspannungen in Körper, Geist und Augen zu lösen. Natürlich können Sie dies genauso gut auch allein aus der Erinnerung oder ohne Anleitung tun, nachdem Sie die Beschreibung für die einzelnen Entspannungspausen gelesen haben. Entspannende Musik auf der Kassette wird Ihnen dabei zusätzlich helfen. Vorstellungsbilder von schönen Szenen aus der Vergangenheit geben den Augenmuskeln die Möglichkeit zur Entspannung, und die Beobachtung der eigenen Atmung wird Sie mit Ihrer eigenen Mitte wieder in Kontakt bringen. Gerade dieser Kontakt geht während der Computerarbeit häufig verloren.
Das Konzept der »Entspannungspausen für die Augen« bildet also gleichsam das Kernstück unseres Programms. Nachdem ich vor einem Jahr dieses Konzept zu entwickeln begann, gestaltete sich die Ausarbeitung relativ leicht. Das gilt insbesondere für den zweiten Abschnitt, die zwanzigminütige Entspannungssitzung. Sie sollten diese Entspan-

nungssitzung nach der Arbeit durchführen, wenn Sie sich aufgrund von Beanspruchungen des Tages noch etwas gestreßt fühlen. Die geführte Sitzung wird Ihnen helfen, sich ganz den lustvollen Gefühlen von Entspannung und freier Bewegung hinzugeben, so daß Sie sich schnell von der Arbeitssituation lösen und wieder Fühlung mit Ihrer eigenen Mitte aufnehmen können.

Als ich das Konzept der Entspannungspausen für die Augen durchdachte, befürchtete ich, daß die Firmenleitungen das gesamte Konzept ablehnen würden. Welcher Arbeitgeber würde schon gern zwei oder drei Minuten der Arbeitszeit einer Bildschirmarbeiterin verlieren wollen, nur damit während dieser Zeit visueller Streß abgebaut wird?

Aber schließlich denke ich doch, daß jeder Arbeitgeber diese Entspannungspausen für die Augen schätzen wird; einfach aus dem Grund, weil diese zwei oder drei Minuten einen solchen Anstieg an Produktivität und dazu eine Reduktion der Fehlerhäufigkeit bewirken werden, daß es für ihn ein schlechtes Geschäft wäre, die Beschäftigten nicht zu diesen Entspannungspausen zu ermuntern.

Eines der großen Probleme bei der Arbeit am Computer ist die Auswirkung auf die geistige Funktionsfähigkeit. Der Geist wird durch den Bildschirm leicht hypnotisiert, was mit der Zeit zu verminderter Leistungsfähigkeit führt, wie die entsprechenden Forschungen eindeutig beweisen. Nicht nur sinkt das Arbeitstempo nach einer halben

Stunde vor dem Bildschirmgerät bereits erheblich ab, sondern gleichzeitig steigt auch die Fehlerquote dramatisch an. Wie ich schon vorher bemerkt habe, sind wir Menschen nicht dafür geschaffen, den ganzen Tag lang am Computer zu arbeiten, und unsere inneren Systeme beginnen daher relativ schnell zusammenzubrechen.

Sich mindestens einmal pro Stunde vollkommen aus dem Einflußbereich des Computers zu entfernen und eine Pause zu machen, ist also die einzig vernünftige Art, um die Arbeitseffektivität zu verbessern und die Fehlerquote der Bildschirmarbeit zu senken. Darüber hinaus ist der subjektive Faktor hier von Bedeutung. Menschen können einfach mehr leisten, wenn sie sich gut fühlen. Eine gut gestaltete zweiminütige Pause kann so wohltuend sein, daß Sie anschließend mit einer viel klareren und ausgeglicheneren Einstellung zur Arbeit zurückkehren.

Ich sage dies alles auch deshalb so nachdrücklich, damit Sie möglichst klar die Situation einschätzen können, wenn Sie eines Morgens mit einem Walkman und einer Kassette in Ihr Büro gehen und den Arbeitgeber fragen, was er davon hält, wenn Sie jede volle Stunde zwei Minuten Entspannungspause einlegen, um sich vom Computerstreß zu erholen.

Für den Fall, daß umgekehrt der Arbeitgeber derjenige ist, der Ihnen vorschlägt, dieses Programm zu benutzen, möchte ich, daß Sie verstehen, daß dieses

Konzept nicht nur entwickelt wurde, um mehr Arbeitsleistung aus Ihnen herauszuholen, sondern auch, um den durch Bildschirmarbeit belasteten Augen zu helfen. Wie in allen Arbeitssituationen gibt es auch hier die Suche nach einem zufriedenstellenden Kompromiß zwischen Arbeitgebern und Beschäftigten. Ich hoffe, daß dieses Programm einen solchen Kompromiß anbieten kann — die Arbeitgeber erhalten höhere Arbeitsleistung, und Sie erreichen eine Reduzierung von Streßsymptomen und mehr Freude an der Arbeit.
Sie haben jetzt einige Hintergrundinformationen erhalten und ich möchte Ihnen im folgenden den Inhalt des Programms genauer vorstellen, damit Sie ein besseres Gefühl dafür bekommen, was Sie erwartet. Vielleicht möchten Sie aber vorher noch eine kleine Lesepause einlegen, um herauszufinden, welche Veränderungen sich einstellen, wenn Sie vom Buch aufschauen, die Atmung beobachten, gähnen und sich ausgiebig dehnen, bevor Sie dann wieder mit dem Lesen des Buches beginnen.

5

Entspannungspausen für die Augen

Um zu verstehen, wie wir eine sofortige Entspannung der Augen erreichen können, sollten wir zunächst einmal darüber nachdenken, welche Bedingungen für ein normales Funktionieren der Augen notwendig sind. Dann werden wir prüfen, welche Sehbedingungen wir an unserem Arbeitsplatz vorfinden, und davon ausgehend können wir dann bestimmen, welche Art von Entspannungspausen am wirkungsvollsten wären.

Zunächst einmal gilt: Unsere Augen nehmen lieber Farbiges als Schwarzweiß wahr. Durch entsprechende Forschungen wissen wir auch, daß natürliche Farben künstlichen Farben vorgezogen werden. Menschen scheinen überhaupt die Wahrnehmung einer natürlichen Umgebung der einer künstlichen Umwelt vorzuziehen; besonders wenn sie sich über längere Zeit in derselben Umgebung aufhalten müssen.

Wenn Sie sich daraufhin einmal an Ihrem Arbeitsplatz umschauen, was sehen Sie — natürliche Farben in unterschiedlichen Strukturen und harmonischer Komposition, oder eine synthetische Farbumwelt? Sind Sie im Grunde hungrig nach natürlichen Farben, während Sie arbeiten? Nehmen Ihre Augen die Sie umgebenden Farben genußvoll auf, so wie sie es tun, wenn Sie draußen in der Natur sind, oder neigen Sie dazu, die Farben in Ihrer Arbeitsumgebung gar nicht wahrzunehmen?

Geschriebenes Material, mit dem wir in unserer Arbeitswelt umgehen, ist natürlich fast immer schwarzweiß. Obwohl manche Bildschirmgeräte auch schon farbig sind, bleiben die Bildschirmfarben doch weit davon entfernt, organisch und natürlich zu sein, auch wenn die neueren farbigen Bildschirme schon eine Weiterentwicklung gegenüber den älteren Geräten darstellen.

Wenn aber Ihre Farbenwahrnehmung während der Arbeit stark eingeschränkt ist, was können Sie dann tun, um sich eine regelmäßige Dosis von Farbeindrücken zu verschaffen?

Die Antwort ist: Tagträumen. Sie können die Kraft Ihrer Imagination, Ihrer Phantasie und Ihres Gedächtnisses nutzen, um überwältigend schöne innere Bilder zu erzeugen, die so intensiv sein können, wie das tatsächliche Erleben der Situation, die Sie sich vorstellen.

Visualisierungen sind ein wichtiger Bestandteil jeder Sehtherapie. Wenn es darum geht, sich schnell von visuellem Streß, fehlender Farbwirkung oder mentalem Streß zu erholen, ist das Visualisieren erstaunlich wirkungsvoll.

In den Entspannungspausen, die Sie in nur zwei Minuten während der Arbeit machen können, werden Sie sich verschiedene Bilder voll vibrierender, weicher, weit entfernter Farben vorstellen, wie zum Beispiel weiße Wolken vor einem blauen Himmel, Sonnenuntergänge in azurblauem Meer oder grüne Wiesen und Wildblumen. Selbst wenn Sie nur diese Stichworte hier lesen, können Sie sich vielleicht die einzelnen Farben schon vorstellen. Während Sie der Beschreibung der Bilder im Buch bzw. auf Kassette folgen, wird Ihre Vorstellungskraft so stimuliert, daß Sie das Gefühl haben, als würden Sie die Szene wirklich sehen.

Ein zweiter Aspekt der visuellen Wahrnehmung, der in der Arbeitssituation oft völlig verlorengeht, ist die Wahrnehmung von Bewegung. Das menschliche Auge sucht von Natur aus die Umgebung nach Bewegung ab; dies ist eine instinktive Funktionsweise des Auges. Wenn Sie nun in einer Arbeitssituation sind, wo alles unbeweglich ist, stört dies nach gewisser Zeit das visuelle System erheblich. Buchstaben und Zahlen sind nicht lebendig, sondern statisch, und nach und nach beginnen Sie, sich ebenso zu fühlen.

Auch wenn es auf dem Bildschirm Bewegung gibt, so ist sie doch nicht organisch; und die Augen werden gezwungen, ruckartigen, mechanischen Bewegungen zu folgen, die nichts zu tun haben mit der Schönheit natürlicher, fließender Bewegungen. Das führt zu verschiedenen Störungen, insbesondere kommt es zu einer Blockierung der Atem-

bewegung, wie verschiedene Forschungen zeigen konnten.
Kinder spüren die Folgen einer Einschränkung ihrer visuellen Wahrnehmung zum ersten Mal, wenn sie in der Schule sind. Ein Kind möchte von Natur aus den Blick im Raum umherschweifen lassen, um zu sehen, was um es herum so alles »los ist«. Statt dessen erhält es die Anweisung »Richte deine Augen auf das Buch vor dir«, was deren Bewegungsspielraum erheblich einschränkt. Die Arbeit der Erwachsenen ist lediglich eine Fortsetzung dieser Kindheitskonditionierung.
Da Ihnen aber diese Konditionierung schon in sehr frühem Alter aufgezwungen wurde, sind Sie sich vielleicht kaum mehr bewußt, daß Ihre natürlichen Instinkte gehemmt sind. Statt dessen bemerken Sie nur, daß Sie verspannt sind, vielleicht auch ungeduldig und gelangweilt vor Ihrem Bildschirm sitzen, und Sie wissen gar nicht genau, warum Sie sich so fühlen. Sehr wahrscheinlich haben Sie die Gewohnheit, die Schultern und die Kinnmuskeln zu verspannen, schon in sehr frühem Alter entwickelt, als Sie mit Beginn der Schule sich selbst gezwungen haben, Ihre Augen auf die Bücher vor Ihnen gerichtet zu halten. Und nun, als Erwachsener, ist diese Gewohnheit so sehr ein Teil von Ihnen geworden, daß Sie sich ihrer nicht einmal bewußt sind; mit Ausnahme der Zeiten, wenn die Verspannungen Kopf- oder Augenschmerzen verursachen.

Haben Sie schon einmal bemerkt, was in Ihnen vorgeht, wenn Sie an ein Fenster treten und sehen, wie eine leichte Brise die Blätter an den Bäumen bewegt? Das ganze Nervensystem scheint durch diese zarte Bewegung beeinflußt zu werden. Das gleiche läßt sich beobachten, wenn Sie einer Wolke nachschauen, die langsam über Sie hinwegzieht. Bewegungen dieser Art sind bemerkenswert hilfreich für einen wirkungsvollen Streßabbau.

Sie können also entweder zu einem Fenster gehen und diese Art von Bewegungen selbst beobachten, oder Sie können eine Entspannungspause einlegen, in der Sie sich diese Bewegungen vorstellen. Das kann auch das Vorstellungsbild einer kleinen, spielenden Katze sein, oder die anmutigen Bewegungen eines Tanzpaares auf der Bühne, oder das sanfte Fließen eines Flusses durch ein Tal. Solche Vorstellungsbilder enthalten sowohl Bewegung als auch Farbe, und befriedigen dadurch beide Aspekte der visuellen Wahrnehmung.

Das dritte Grundelement der visuellen Wahrnehmung betrifft die Fähigkeit, aus visuellen Eindrücken heraus Formen zu erkennen. Da Symbole, Buchstaben und Zahlen zum Formsehen gehören, erhalten Sie bei Ihrer Arbeit mit Sicherheit genug hiervon, und es gibt keine Notwendigkeit, einen Ausgleich zu schaffen.

Die Augen sind jedoch auch eingestellt auf die Wahrnehmung verschiedener Formen und Gestalten. Sie tasten die Oberfläche und die Umrisse von

Gegenständen ab und nehmen insbesondere ungewöhnliche Formen und unterschiedliche Schattierungen wahr. Neben der Farbwahrnehmung und dem Wahrnehmen von Bewegung ist somit die Fähigkeit, aus visuellen Eindrücken heraus vielfältige Formen zu erkennen, das dritte Element der visuellen Wahrnehmung. Es bedeutet deshalb eine große Entlastung für Ihre Augen, wenn Sie regelmäßig eine Pause einlegen, in der die Augen Dinge in Ihrer Umgebung abtasten, umwandern und erforschen können. Sie können auf diese Weise z. B. die Form eines Raumes erkennen oder die Formen und Umrisse eines Fensters bzw. anderer Objekte oder die Gestalt einer anderen Person. Sie werden feststellen, daß auch die Augenmuskeln sich dadurch sehr rasch wieder erholen. Die Entspannungspausen auf der Kassette werden die verschiedenen Dimensionen Form, Farbe und Bewegung besonders ansprechen.

Es gibt noch einen vierten Bereich der visuellen Wahrnehmung, der hier hervorgehoben werden soll. Gemeint ist die Raumwahrnehmung. Statt sich auf die Form eines Objektes zu konzentrieren, erleben Sie dabei den Raum zwischen sich und dem Objekt. Ohne dieses räumliche Sehen ist die Welt flach, zweidimensional, und wirklich extrem uninteressant für die Augen.

Aber blicken Sie auf Ihr Arbeitsmaterial, auf die Papiere oder den Bildschirm vor sich. Flach! Überhaupt keine Erfahrung von Raum, von dreidimen-

sionalem Leben. Dies ist vielleicht der größte Mangel am Arbeitsplatz!
Die Wahrnehmung des Raumes erfordert auch, daß sich Ihre Augen von nah auf fern und zurück scharfstellen. Diese Blickveränderung läßt die inneren Augenmuskeln sich zusammenziehen und wieder lockern.
Wenn Sie lesen oder auf Ihren Computerbildschirm schauen, haben die Augen stets denselben Sehabstand. Das bedeutet eine ständige Augenmuskelanspannung, so als ob Sie Ihre Hand über einen längeren Zeitraum zur Faust ballen. Tun Sie das einmal selbst für einen Moment. Halten Sie Ihre Hand hoch, und spannen Sie die Muskeln Ihrer Finger und Ihres Arms an.
So fühlen sich Ihre Augenmuskeln, während Sie lesen oder am Computer arbeiten! Halten Sie die Hand die nächste halbe Stunde lang zur Faust geballt, und Sie werden wissen, wie Ihre Ziliarmuskeln sich nach einer halben Stunde des Lesens oder der Bildschirmarbeit fühlen, ohne die Möglichkeit, zwischendurch in die Ferne zu blicken.
Sobald Sie nun Ihre Faust öffnen, beginnen sich die Muskeln zu lockern. Genau das ist das Gefühl, das sich in den Augenmuskeln einstellt, wenn Sie die Augen schließen oder in die Ferne schauen.
Sollten Sie tatsächlich Ihre Hand eine halbe Stunde lang zur Faust geballt halten, dann können Sie davon ausgehen, die betreffenden Muskeln werden bald so müde und überanstrengt sein, daß sie beim

ersten Versuch, sich zu lockern, gar nicht fähig dazu sind.
Sie haben vier Grundelemente der visuellen Wahrnehmung kennengelernt: die Wahrnehmung von Formen, von Farben, von Bewegung und die Wahrnehmung des Raumes. Diese Aspekte werden jetzt in eine erweiterte Sehweise, in der Sie alles zugleich aufnehmen, integriert. Legen Sie bitte Ihr Buch zur Seite und beobachten Sie, während Sie den Atem aus- und einströmen lassen, irgend etwas in Ihrer Umgebung, das sich bewegt. Dann nehmen Sie für zwei Atemzüge die Umrisse und Formen von Gegenständen in sich auf. Atmen Sie danach für zwei Atemzüge in die Farben Ihrer Umgebung. Schließlich nehmen Sie bewußt den Raum um sich herum wahr, also die Luft zwischen Ihnen und den Gegenständen, die Sie gerade betrachtet haben. Entspannen Sie sich, lassen Sie den Atem wieder ein- und ausströmen und lassen Sie die Augen in einer erweiterten Sehweise alle vier Dimensionen Form, Farbe, Bewegung und Raum auf einmal in sich aufnehmen.
Es bedeutet eine große Entlastung, wenn Sie den Augen regelmäßig kurze Pausen von vielleicht einer Minute gönnen. In diesen Entspannungspausen können die Augen die Umgebung abtasten, sie nach Bewegung absuchen, den Raum zwischen Ihnen und den Gegenständen wahrnehmen und Farben in sich aufnehmen. Es wurde deshalb bei der Konzeption der sieben Entspannungspausen be-

sonders darauf geachtet, daß alle vier Grundelemente der visuellen Wahrnehmung berücksichtigt werden, um so die visuelle Aufnahmefähigkeit und das Sehen am Arbeitsplatz zu verbessern.

6

Entspannung durch Palmieren

Eine sehr wirksame Übung, die ich Ihnen jetzt vorstellen möchte, ist das Palmieren. Sie vertreibt Angestrengtsein und Müdigkeit und führt erstaunlich schnell zu einer friedvollen Gelassenheit.
Diese Übung können Sie direkt am Arbeitsplatz machen, und sie braucht nur eine Minute. Alles, was Sie tun müssen, ist, die Augen zu schließen und die Hände gut gewölbt über die Augen zu legen, ohne die Augenlider zu pressen. Diese Übung wird »Palmieren« genannt. Probieren Sie es jetzt einmal. Stellen Sie sicher, daß Ihre Handflächen dabei leicht gewölbt sind, so daß sie die Augenlider nicht berühren. Die Finger der einen Hand sollen mit denen der anderen Hand ein wenig überlappen, und zwar auf der Stirn. Beugen Sie dabei den Kopf, wenn Sie möchten, damit Sie keine Verspannung in den Armmuskeln bekommen. Und, was am wichtigsten dabei ist, entspannen Sie sich und lassen Sie Ihre Atmung frei fließen.
Zu Beginn des Palmierens werden Sie vielleicht bemerken, daß Ihre Atmung noch angespannt ist. Um Blockierungen des Atems zu lösen, öffnen Sie den Mund, entspannen das Kinn und las-

sen den Atem ganz zwanglos ein- und ausströmen.
Sie nehmen die Atembewegung immer besser wahr und spüren, wie die Augen und der Bereich um die Augen sich mehr und mehr entspannen. Wenn Sie den Kopf ein wenig nach unten gebeugt halten, werden Sie bemerken, wie die Schwerkraft Ihre Augen sanft nach unten zieht und Ihnen hilft, sich noch etwas mehr zu lockern.
Entspannung der Augen heißt dabei auch immer Lösung von Verspannungen in den Augenmuskeln. Die beste Art, Verspannungen in den Augen zu lösen, besteht darin, ihnen die Arbeit, die sie normalerweise tun, nämlich das Aufnehmen und Bündeln von Lichtenergie, vorübergehend zu entziehen.
Die gut gewölbt aufliegenden Hände signalisieren den Augen, daß es im Moment absolut nichts zu tun gibt, und daß sie sich entspannen können. Außerdem ist das Bedecken der Augen mit den Händen eine starke symbolische Geste, die oft schneller als irgendeine andere Methode eine Umstimmung im Organismus bewirkt.
Ich möchte das Palmieren noch ein wenig genauer betrachten. Die Wirkung des Palmierens kann noch wesentlich gesteigert werden, wenn es mit einem gleichzeitigen Stillerwerden der Gedanken verbunden wird. Wenn Sie zum Beispiel weiterhin darüber nachsinnen, was Sie vorhin getan haben, oder angestrengt an etwas denken, werden die Augen angespannt bleiben.

Dies ist deshalb so, weil Ihre Atmung verspannt bleibt, solange Sie angeregt über etwas nachdenken. Es ist daher wichtig, daß Sie das Palmieren mit der Beobachtung des Atems kombinieren, um so eine Augenentspannung zu erreichen. Nur wenn der Atem gelöst und frei ist, werden sich auch die Augen entspannen können.
Probieren Sie es noch einmal, um herauszufinden, wie gut Sie den Lesestreß abbauen können. Legen Sie das Buch einen Moment zur Seite, bedecken Sie die Augen mit den Händen, beobachten Sie Ihre Atmung, entspannen Sie das Kinn und atmen Sie durch den Mund; und verfolgen Sie die nächsten vier Atemzüge lang, was in Ihnen geschieht.
Das Palmieren kann auch als Ganzkörperübung durchgeführt werden. Diese Ganzkörperübung ist eine der wirkungsvollsten Bewegungsübungen, die ich kenne. Sie unterstützt die Entspannung der Augen und gibt Vitalität und Klarheit.
Alles, was Sie dazu tun müssen, ist, für eine Minute von Ihrem Arbeitsplatz aufzustehen und das Palmieren im Stehen zu machen. Es wird nicht lange dauern, bis Sie diese Übung gelernt haben.
Die Übung beginnt damit, daß Sie gut geerdet dastehen, die Augen sind geöffnet, und Sie schauen vor sich auf den Boden. Beobachten Sie dabei Ihren Atem, und spüren Sie den Boden unter Ihren Füßen. Allein schon das Aufstehen, nachdem Sie für längere Zeit gesessen haben, gibt Ihnen einen Energieschub und ein besseres Gefühl für Ihren Körper.

Atmen Sie durch den Mund, wenn Sie spüren, daß der Atemfluß blockiert ist. Dies ist besonders wichtig, wenn Sie am Computer arbeiten, denn aus noch nicht ganz geklärten Gründen beeinträchtigt die Bildschirmarbeit insbesondere den freien Atemfluß wie auch ganz allgemein ein bewußtes Gewahrwerden des Organismus.

Nun beugen Sie sich ganz langsam nach unten, während Sie durch den Mund ausatmen, bis Sie beide Hände auf den Boden legen können. Stellen Sie sich mit gespreizten Beinen auf, die Füße nach vorn ausgerichtet, und beugen Sie die Knie so weit, wie es notwendig ist, um den Boden mit den Händen erreichen zu können.

Ganz wichtig: Schauen Sie dabei vor sich auf den Boden, so daß Sie ihn klar und scharf sehen können, während Sie sich auf ihn zubewegen. Dies ist nämlich gleichzeitig eine Akkomodationsübung für Ihre Augen.

Wenn Sie völlig ausgeatmet haben, halten Sie einen Moment den Atem in dieser Stellung an, während Sie mit gebeugtem Körper auf den Boden blicken.

Nun beginnen Sie langsam, durch die Nase einzuatmen und beobachten den Fußboden, während Sie den Körper wieder aufrichten. Blicken Sie weiter auf den Boden, und beugen Sie sich mit der nächsten Ausatmung wieder nach unten. Machen Sie dies drei- oder viermal, als Grundübung, und auch, um die Ziliarmuskeln in ihren Augen aufzulockern. Das Beugen des Kopfes nach unten beim

Ausatmen ist natürlich eine starke zusätzliche Anregung zur Entspannung im Kopfbereich und kann Sie auch von chronischen Verspannungen in Nacken und Schultern befreien.
Nun stehen Sie einen Moment ruhig da, lassen den Atem kommen und gehen und warten, bis er von selbst wieder kommt.
Als nächstes massieren Sie mit den Händen Ihr Gesicht und die Kopfhaut, soviel Sie wollen, während Sie weiterhin durch den Mund atmen. Schließen Sie dabei die Augen, um die belebende Wirkung der Massage besser spüren zu können.
Legen Sie Ihre Hände wieder über die Augen, wie schon weiter oben beschrieben. Mit der nächsten Ausatmung beugen Sie sich langsam vor und nach unten, bis Ihre Arme den Boden oder Ihre Beine berühren. Suchen Sie sich die für Sie bequemste Position aus. Halten Sie einen Moment in ausgeatmetem Zustand inne und spüren Sie die Kraft und die Wirkung dieser Haltung auf Ihren Körper und besonders auf Ihre Augen.
Während Sie ganz langsam einatmen, richten Sie sich wieder auf, fühlen, wie alle Muskeln Ihres Körpers zusammenarbeiten, um Sie in eine aufrechte Position zu bringen. Lassen Sie Ihren Kopf nach hinten gleiten, so als ob Sie nach oben schauen würden. Bleiben Sie in dieser Haltung einen Moment lang eingeatmet stehen. Entspannen Sie Ihr Kinn.
Beim nächsten Ausatmen beugen Sie sich wieder hinunter und genießen die langsame Vorwärts-

und Abwärtsbewegung, bis Sie wieder ganz unten sind.
Bleiben Sie einen Moment in völlig ausgeatmetem Zustand und öffnen Sie sich für Gefühle, Einsichten oder Phantasien, die jetzt vielleicht in Ihnen aufsteigen. Diese Körperhaltung ist sehr hilfreich, um intuitive Einsichten zu fördern, und wird auch von den verschiedensten Traditionen zur Bewußtseinserweiterung verwendet.
Machen Sie diese Auf- und Abbewegung mehrmals hintereinander, solange Sie wollen. Wenn Sie aufhören, sollten Sie die Augen geschlossen haben. Nehmen Sie danach sachte die Hände von den Augen weg. Fühlen Sie Ihren Körper im Raum, Ihre Füße auf dem Boden, Ihren Kopf oben in der Luft und nehmen Sie bewußt wahr, was in Ihrem Innern geschieht. Die Augenlider öffnen sich wieder ohne Anstrengung und Hast. Schauen Sie zunächst auf nichts Bestimmtes, sondern nehmen Sie alles, was um Sie herum ist, gleichzeitig in sich auf, während Sie weiterhin mit Ihrem Innern in Kontakt bleiben. Das ist oft eine sehr beglückende Erfahrung!
Wenn Sie beginnen, Körperübungen an Ihrem Arbeitsplatz zu machen, werden Sie sich zuerst vielleicht beobachtet fühlen. Die beste Art, eventuelle Hemmungen zu überwinden, die Übungen zu machen, ist, Ihren Kollegen das Buch zu zeigen, ihnen zu erklären, was Sie tun und warum, und sie zu ermuntern, die Übungen mit Ihnen zu machen. Es

ist immer hilfreich, Freunde oder eine kleine Gruppe zur Unterstützung zu haben.
Wenn es ein Fenster gibt, vor dem Sie diese Übung machen können, dann haben Sie natürlich Glück. Dann können Sie, wenn Sie die Augen öffnen, vielleicht einen weiten Blick in die Natur werfen, der noch zusätzlich dazu beiträgt, alle Bereiche der visuellen Wahrnehmung, von denen wir gesprochen haben, ins Gleichgewicht zu bringen. Falls dies nicht der Fall ist, könnten Sie vielleicht ein Poster vor sich aufhängen, oder einfach nur einen Moment lang dastehen und sich eine wunderschöne natürliche Umgebung vorstellen, bevor Sie die Augen öffnen.
Auf der Kassette gibt es zwei Bewegungsübungen. Wenn Sie an einem Ort sind, wo Sie die Kassette über Lautsprecher hören können, wird die Anleitung durch die Kassette sehr hilfreich sein, besonders zu Beginn. Falls Sie aber am Arbeitsplatz Kopfhörer tragen müssen, um die Kassette zu hören, ist es vielleicht besser, wenn Sie die Übung erst einmal zu Hause lernen, um sie dann ohne Kassette am Arbeitsplatz zu machen. Die beiden Bewegungsübungen finden sich auf der ersten Kassettenseite.

7

Ganzkörperübungen

Wie wir gesehen haben, funktionieren unsere Augen also keineswegs isoliert von unserem sonstigen Befinden. Verspannungen in den Augen werden fast immer begleitet von anderen Verspannungen körperlicher oder geistiger Art.

Viele Menschen haben bereits gewohnheitsmäßig Verspannungen als Kinder in der Schule entwickelt: hochgezogene Schultern, flache Atmung, ein verspannter Bauchbereich, sogar verspannte Genitalien. Diese Verspannungen hatten ihre Ursache natürlich in der Angst vor einem Versagen in der Schule und der Angst vor Bestrafung bei schlechten Leistungen. Wenn wir den Kindern nur helfen könnten, diese Ängste besser zu überwinden, schon in der Phase, wenn die gewohnheitsmäßigen Verspannungen erst im Entstehen sind — dann würden diese Menschen als Erwachsene ein genußvolleres Leben führen können.

Die Realität sieht aber leider so aus, daß die Mehrzahl von uns Verspannungsgewohnheiten in Beziehung zum Lesen und Schreiben entwickelt hat, und diese Gewohnheiten beeinflussen negativ unser Arbeitsverhalten als Erwachsene.

Wenn wir dann als Erwachsene etwas Neues lernen, wie z. B. den Umgang mit einem Computer, beginnen sich die alten Ängste wieder zu regen, und die Angst vor dem Versagen erzeugt Verspannungen.
Viele Menschen entwickeln eine Reihe von Verspannungen, wenn sie am Computer arbeiten oder an einer neuen Maschine, was sie an die Lernsituationen in ihrer Kindheit erinnert.
Außer den Methoden zum Streßabbau, die wir bereits kennengelernt haben, gibt es noch weitere Übungen zur Ganzkörperentspannung, die Sie anwenden können, falls die Durchführung solcher Übungen an Ihrem Arbeitsplatz möglich ist. Natürlich können Sie auch warten, bis Sie zu Hause sind und die Übungen dort machen.
Körperliche Bewegung und stimmlicher Ausdruck sind die beiden wichtigsten Methoden, um angestaute Gefühle herauszulassen und Verspannungen zu lösen. Zunächst möchte ich Ihnen erst einmal die Grundübung vorstellen, das Auf- und Abspringen.
Das leichte Auf- und Abspringen auf der Stelle führt zu einer sofortigen Lösung von Verspannungen. Durch das Auf- und Abfedern erhöht sich Ihre Atemfrequenz; Widerstände lösen sich und der Atem wird freier. Auch die Augen werden gut geschüttelt und gerüttelt und die äußeren Augenmuskeln beginnen sich zu lockern. Wie Sie vielleicht schon wissen, besteht die beste Art, Muskeln zu entspannen, darin, sie ein wenig zu schütteln, wodurch sich Verkrampfungen lösen und die Zirkulation angeregt wird.

Das Auf- und Abspringen ist eine Übung, bei der Sie die Augen ermutigen, ihre Fixierung auf die Umgebung aufzugeben. Wenn Sie auf- und abfedern, ist alles um Sie herum in Bewegung, der Augenbereich wird wieder lebendig und ein wohliges Gelöstsein breitet sich aus.
Um diese Übung nicht nur theoretisch nachzuvollziehen, stehen Sie jetzt bitte auf. Stehen Sie einen Moment ruhig da, während Sie Ihre innere Mitte spüren und die Atmung beobachten, und beginnen Sie dann, auf- und abzuspringen! Atmen Sie durch den Mund, um die verstärkte Atmung frei fließen zu lassen, und drehen Sie sich bei den Sprüngen auch ein wenig im Kreis herum.
Eine andere Methode, den Kopf- und Augenbereich gut zu schütteln, ist eine Variation des Palmierens als Ganzkörperübung, das Sie bereits kennengelernt haben.
Stehen Sie einfach mit weit gespreizten Beinen da, die Knie sind leicht angewinkelt; dann beugen Sie sich langsam nach vorn und nach unten; die Hände und Arme hängen dabei vollkommen entspannt zu beiden Seiten der Körpers herunter. Beobachten Sie, wie diese Haltung auf natürliche Weise Ihre Atmung und das Gefühl in Ihren Augen beeinflußt. Lockern Sie das Kinn und atmen Sie durch den Mund — dies ist äußerst wichtig für jedes Entspannungsprogramm!
Schütteln Sie dann den Kopf von einer Seite zur anderen und artikulieren Sie dabei einen leichten

»Ahhhh«-Laut. Lassen Sie auch die Schultern hin und her schwingen, und geben Sie sich allen Gefühlen und Lauten hin, die dabei in Ihnen entstehen oder herauskommen möchten. Sie können auch die Zunge herausstrecken und die unmöglichsten Laute von sich geben, wenn Ihnen danach zumute ist. Gehen Sie jetzt einmal in diese Position und beobachten Sie hinterher, wenn Sie wieder aufrecht in der Grundhaltung stehen, wie Sie sich fühlen.
Diese Übung kann manchmal auch starke emotionale Wirkungen haben. Wunderbar — so kommen Sie in Kontakt mit zurückgehaltenen Gefühlen und können sie loslassen, so daß sie nicht länger Ihre Gesundheit beeinträchtigen. Emotionale Ausdruckstechniken wie diese helfen Gefühle an die Oberfläche zu bringen und sie auszudrücken. Das Ergebnis ist ein bemerkenswerter Strom von Energie und Vitalität im ganzen Körper und mit Sicherheit auch ein besseres Gefühl in Ihren Augen.

Wie Sie bemerkt haben, sind wir inzwischen bereits zu den Vokalisierungsübungen gekommen. Mit Vokalisieren meine ich das Öffnen von Mund und Kehle, wodurch Sie alle Töne, die Sie in sich zurückhalten, herauslassen können.
Neuere psychologische Forschungen haben gezeigt, daß chronische Verspannungen der Kiefermuskulatur (Vokalisationshemmung) zu Verspannungen im Augen- und Kopfbereich führen. Im-

mer mehr Erkenntnisse sprechen dafür, daß chronische Kopfschmerzen, Schulterverspannungen und angespannte Sehgewohnheiten in Zusammenhang stehen mit blockierten Gefühlen. Natürlich haben Bioenergetik-Therapeuten uns das schon seit vielen Jahren gesagt, und ich stimme ihnen da grundsätzlich zu.

Wenn Sie bei Ihrer Arbeit sind und Ihrer emotionalen Situation keine Beachtung schenken, wird sich sehr bald irgendeine Form von körperlichen Beschwerden entwickeln, ganz abgesehen von geistigen Ermüdungserscheinungen und einer höheren Fehlerquote.

Sie können leicht feststellen, ob Sie Gefühle in sich zurückhalten, indem Sie Ihre Atmung beobachten und spürbar wahrnehmen, ob sie flach und angespannt ist oder entspannt, tief und spontan. Falls Sie bemerken, daß Ihre Atmung angespannt ist, werden Sie das Auf- und Abspringen, das Schütteln und das Vokalisieren zu schätzen wissen. Sollten die Gefühle, die dabei in Ihnen aufsteigen, zu bedrohlich für Sie sein, können Sie noch andere Bücher aus dieser Reihe zu Hilfe nehmen, um besonders an diesem Problem zu arbeiten.

Beobachten Sie also jetzt Ihre Atmung und nehmen Sie spürbar wahr, ob sie flach oder tief ist. Und was sagt das über Ihre momentane Gefühlssituation aus?

Ich bin oft gefragt worden, was meiner Meinung

nach der negativste Effekt des Computers auf den Menschen sei. Für mich ist die Antwort auf diese Frage ganz klar: Die Menschen verlieren den bewußten Kontakt zu ihrem Körper, während sie am Bildschirm sitzen. Sie verlieren den Kontakt zu ihrer inneren Mitte und lenken ihre Aufmerksamkeit zu sehr auf kognitive, mentale Prozesse. Die natürliche emotionale Reaktionsbereitschaft geht nahezu völlig verloren, ebenso der zwischenmenschliche Kontakt.

Für mich sind das sehr ernstzunehmende Argumente gegen den Computer, und ich sage das als Ergebnis eigener Erfahrung, aus Gesprächen mit vielen Menschen und eigener Beobachtung. Aber ob ich recht habe oder nicht, ist für Sie unwichtig. Was für Auswirkungen hat der Computer auf Sie persönlich? Wie sind Ihrer Beobachtung nach die Auswirkungen bei anderen Menschen?

Ihre Reaktion auf die negativen Auswirkungen von Computern wird aber höchstwahrscheinlich nicht die sein, das Gerät vom Arbeitsplatz und aus dem Hobbyraum zu entfernen. Wir schätzen die Effektivität von Computern viel zu sehr, um sie abschaffen zu wollen. Ich glaube auch nicht, daß sich eine Gesellschaft weiterentwickelt, wenn sie der Angst vor etwas Neuem nachgibt.

Die Herausforderung bei der Arbeit am Computer besteht also darin, mit einem solchen Gerät zu arbeiten, aber gleichzeitig das innere Gleichgewicht zu behalten, in Kontakt zu bleiben mit der Atmung bzw. den Gefühlen und regelmäßig den ganzen Körper zu spüren.

Sie sollten also während der Arbeit regelmäßig das Atemgeschehen wahrnehmen und sich ganz leicht auf dem Stuhl hin- und herbewegen, um mit dem Körper und den Gefühlen im Kontakt zu bleiben. Sie haben schließlich ein Recht darauf, daß Ihre Gefühle auch während der Arbeit Beachtung finden. Wir werden uns mit dieser Frage in einem späteren Kapitel noch eingehender beschäftigen.

Auch während Sie diesen Abschnitt lesen, sollten Sie Ihre Atmung bewußt wahrnehmen und Ihren Körper spüren. Bewegen Sie Ihren linken Fuß ein wenig. Nun bewegen Sie Ihren rechten Fuß. Jetzt lassen Sie Ihren Kopf sich leicht hin- und herbewegen.

Können Sie spüren, wie diese Bewegungen Ihr Körpergefühl verbessern? Ich weiß, daß ich hier nichts Neues sage; aber nur allzuleicht vergessen wir diese einfachen Dinge. Wie viele von Ihnen wurden in der Schule dafür bestraft, sich im Stuhl hin und her zu bewegen? Man hat uns beigebracht, still zu sitzen, während wir mit dem Kopf arbeiten.

Ich schlage das Gegenteil vor, und zwar sowohl für Kinder wie für Erwachsene. Bewegen Sie sich während der Arbeit! Nehmen Sie spürbar Ihren Körper und Ihre Gefühle wahr, auch während Sie am Bildschirmgerät arbeiten. Bildschirmarbeit beinhaltet immer die potentielle Gefahr, daß sie den Menschen von seinen Gefühlen isoliert, von Gefühlen,

die primär vom Herzen kommen und die nicht auf logisches Denken reduzierbar sind. Wenn wir uns mit Computern beschäftigen und dabei unsere innere Mitte verlieren, wird das langfristig schwerwiegende Folgen für das Überleben der Gattung Mensch haben.
Daher meine ich, daß alle, die an Computern arbeiten, sich stets bewußt bleiben sollten, daß sie an einem nicht gerade ungefährlichen Gerät arbeiten. Wir müssen deshalb lernen, auch unser emotionales und spirituelles Zentrum bewußt zu spüren, um nicht in einer »Computermentalität« gefangen zu bleiben. Wie denken Sie darüber?
Bewegung ist der beste Weg zu unserem inneren Zentrum! Lassen Sie Ihren Blick regelmäßig durch den Raum schweifen, statt ihn immer nur auf den Bildschirm fixiert zu halten. Lassen Sie Ihren Körper sich leicht bewegen, während Sie am Computer arbeiten. Stehen Sie regelmäßig auf, springen Sie auf und ab, schütteln Sie sich, tanzen oder schreien Sie, um so Verspannungen, die durch die Arbeit am Computer entstehen, zu lösen.
Oft wird es nicht möglich sein, sich richtig zu bewegen und laut zu schreien; dann tun Sie dies statt dessen, wie Sie es bereits gelernt haben, in Ihrer Phantasie.
Medizinische Forschungen haben gezeigt, daß der Körper auf Phantasieerlebnisse äußerst lebhaft reagiert. Wenn Sie beginnen, sich vorzustellen, Sie würden schnell einen steilen Hügel hinaufrennen

und sich dabei lebhaft dieser Vorstellung hingeben, dann wird Ihr Herzschlag sich erhöhen, die Atmung wird sich vertiefen, biochemische Veränderungen gehen in Ihrem Körper vor, um mehr Energie für die Muskelarbeit bereitzustellen — mit einem Wort, wenn Sie sich eine anstrengende körperliche Aktivität vorstellen, während Sie ruhig am Schreibtisch sitzen, aktivieren Sie damit Ihren ganzen Körper.

Solche Vorstellungsbilder werden Sie auch auf der dieses Buch begleitenden Kassette finden. Sie können die entsprechenden Stellen immer dann hören, wenn Sie gerade nicht aufstehen, springen oder schreien können, um so die Verspannungen zu lösen.

In Situationen, in denen es uns nicht möglich ist zu schreien, hat es sich als äußerst wirkungsvoll erwiesen, die Vorstellungskraft phantasievoll einzusetzen. Alles, was wir dafür tun müssen, ist, das Kiefergelenk locker zu lassen, den Mund ein wenig zu öffnen und einen ganz leisen »Ahhh«-Laut in der Kehle zu erzeugen. Schließen Sie nun die Augen und stellen Sie sich vor, Sie seien ein grollender Tiger, oder zeigen Sie Ihren Ärger in Ihrer Vorstellung einer Person, die Sie sehr gereizt hat.

Ein solches Lösen von emotionalen Spannungen wird Ihnen bei Ihrer Arbeit sehr helfen, wenn es kombiniert wird mit einer vertieften Atmung und einem intensiveren Körperkontakt.

Probieren Sie es doch gleich einmal. Setzen Sie sich

dazu bequem hin. Dann schließen Sie die Augen und stellen sich vor, Sie laufen ganz ausgelassen durch eine schöne Gegend. Sie sind voller Energie. Sie schreien so laut Sie wollen oder singen ein Lied, wenn Ihnen danach ist. Sie malen sich diese Situation in der Phantasie so lebhaft aus, daß Sie Ihre Empfindungen und Gefühle ganz deutlich spüren können.

8

Erholung nach der Arbeit

Vor einigen Jahren, als ich eine Praxis in Santa Fe hatte, bot ich jeden Tag von achtzehn bis neunzehn Uhr einen Entspannungskurs für Berufstätige an. Zuerst erwartete ich vielleicht zehn bis zwölf Personen; aber statt dessen war mein Übungsraum fast jeden Abend mit vierzig bis fünfzig Teilnehmern überfüllt. Unter ihnen waren eine ganze Reihe computergestreßter Leute, und auch eine große Anzahl Sekretärinnen und Büroarbeiter, die ich ja eigentlich hatte ansprechen wollen. Aber auch Bankangestellte, Immobilienmakler, Autoverkäufer, ein paar Handwerker und manchmal bis zu zehn Hausfrauen waren darunter, die uns anderen sehr schnell klarmachten, daß ihre Arbeit ebenso eine Streßreduzierung brauchte wie jede andere Arbeit auch.

In diesem Kapitel möchte ich Ihnen die Techniken vorstellen, die diese Gruppe und ich am effektivsten fanden, um nach der Arbeit die am Tage entstandenen Verspannungen und Ermüdungserscheinungen abzubauen.

Wir neigen dazu, Anspannung und Müdigkeit als Gegensätze anzusehen; tatsächlich aber gehen beide Zustände Hand in Hand. Ebenso neigen wir dazu, unter Entspannung etwas anderes zu verstehen als unter dem Begriff Revitalisierung; aber auch diese beiden gehören zusammen. Wenn Sie den ganzen Tag über angespannt sind, erzeugt das Müdigkeit. Wenn Sie nun Übungen und Meditationen machen, die Ihre Spannungen auflösen, stellen Sie plötzlich fest, daß auch das Gefühl der Müdigkeit verschwindet.

Wenn Sie lernen, sich nach der Arbeit zu entspannen, werden Sie feststellen, daß Sie inmitten völliger Entspannung oft ein wunderbares Erwachen Ihrer Vitalität spüren und plötzlich wieder Kraft und Lust haben, den Abend in Gesellschaft oder mit Ihrer Familie zu verbringen. Die Hälfte derjenigen, die zu meinen abendlichen Entspannungskursen kamen, berichteten, daß sie nach Hause gingen und für den Rest des Abends bis zum Schlafengehen in diesem passiv-entspannten Zustand blieben; aber die andere Hälfte erzählte, sie seien nach dem Kurs tanzen gegangen, hätten mit den Kindern gespielt oder eine erstaunliche sexuelle Vitalität entwickelt.

Das Programm, das ich Ihnen nun vorstellen werde, kann Sie also möglicherweise sehr entspannen; es könnte aber auch sein, daß Sie sich erstaunlich vital fühlen und bereit sind für einen abendlichen Zug durch die Stadt. Natürlich werden Sie jedesmal ein etwas anderes Gefühl danach haben. Die Übungen helfen Ihnen einfach dabei, die Anspannungen des Tages abzuschütteln und bringen

Sie in Kontakt mit Ihrem eigenen Energiepotential.

Stellen Sie sich vor, Sie kommen nach einem harten Arbeitstag nach Hause, und natürlich auch, falls Sie zu Hause arbeiten: stellen Sie sich vor, daß Sie sich eine halbe Stunde gönnen, um zu entspannen, den Tag hinter sich zu lassen und sich von der Arbeit zu erholen.

Suchen Sie sich dazu einen Raum, in dem Sie eine halbe Stunde allein verbringen können, schließen Sie die Tür hinter sich, ziehen Sie die Schuhe aus und so viel von Ihrer Kleidung, daß Sie sich bequem fühlen. Am besten ist es, die Übungen ganz ohne Kleidung zu machen; obwohl ich zugeben muß, daß wir damals in Santa Fe doch eher konservativ blieben und ein wenig Kleidung anbehielten. Wenn Sie allein sind, ziehen Sie aber am besten alles aus; allein schon das Gefühl, nackt zu sein, kann eine große Erleichterung bedeuten.

Vielleicht möchten Sie auch vor oder nach den Übungen kurz duschen; auch eine schöne Dusche kann im Sinne der Entspannung äußerst wohltuend sein.

Phase eins: Verspannungen loslassen

Stehen Sie einen Moment ruhig da, schließen Sie die Augen, und fühlen Sie Ihre Füße auf dem Boden, wie wir es in einer früheren Übung bereits kennengelernt haben. Achten Sie auf Ihre Atmung, und beobachten Sie, wie Sie sich bei jeder Ein- und Ausatmung ändern.

Jetzt, mit noch immer geschlossenen Augen, beginnen Sie, den Körper leicht zu bewegen. Vielleicht bewegen Sie ein wenig den Kopf, oder Ihre Arme fangen an, sich frei in der Luft zu bewegen. Öffnen Sie den Mund und lassen Sie die Zunge und den Unterkiefer locker, und machen Sie ein paar Bewegungen mit der Zunge. Achten Sie darauf, daß Sie sich nicht zu irgendwelchen Bewegungen zwingen. Warten Sie einfach nur, bis die Bewegungen von selbst in Ihnen entstehen. Freie, unkontrollierte Bewegungen zuzulassen ist eine der am schnellsten wirkenden Methoden, um den Energiefluß im Körper anzuregen und Muskelspannungen, die Sie den ganzen Tag mit sich herumgetragen haben, zu lösen.

Um diese Übung schnell zu erlernen, ist es am besten, wenn Sie jetzt das Buch für ein paar Minuten beiseite legen, aufstehen, die Augen schließen und diese »freien Bewegungen« selbst ausprobieren. Geben Sie sich allen Bewegungen hin, die Ihr Körper jetzt machen möchte. Gleichzeitig öffnen Sie sich für alles, was an Lauten aus Ihrer Kehle heraus möchte, und lassen es spontan herauskommen. Anfangs ist Ihnen das vielleicht ein wenig peinlich. Aber wenn Sie allein sind, werden Sie diese Hemmungen schnell überwinden.

Nun stehen Sie wieder einen Moment ruhig, mit geschlossenen Augen, und hören in sich hinein. Beobachten Sie Ihre Atmung. Hat sie sich verändert, seit Sie mit den freien Bewegungen und dem Vokalisieren begonnen haben?
Falls Sie bedrückende Gefühle in sich spüren, atmen Sie durch den Mund, so daß mit jedem Ausatmen ein wenig mehr von dem emotionalen Druck entweichen kann.
Um nun die Verspannungen in den Muskeln noch weiter zu lösen, möchte ich Ihnen eine Bewegungsübung aus dem Yoga vorstellen.
Zunächst stehen Sie, wie Sie es gelernt haben, mit ziemlich weit gespreizten Beinen da, die Füße nach vorn ausgerichtet, und beugen sich langsam vornüber, bis die Handflächen vor Ihnen flach auf dem Boden liegen. Sehr wahrscheinlich werden Sie Ihre Knie dazu etwas beugen müssen, wenn Sie nicht schon ein ausgezeichneter Yogaschüler sind.
Jetzt bleiben Sie einige Atemzüge lang in dieser Position und spüren so ganz bewußt Ihren Rükken, Ihre Arme und Beine. Sie werden bemerken, wie sich ein wohliges Gelöstsein auszubreiten beginnt. Nach dem Ausatmen halten Sie jetzt für einen Moment den Atem an. Die Atemstille, die dabei entsteht, gibt uns innere geistige Ruhe, und sie löst noch vorhandene Fehlspannungen weiter auf.

Diese Körperhaltung ist eigentlich eine Streßposition. Sie läßt uns die eigenen Kraftreserven spüren und bringt uns nach einer längeren Zeit rein mentaler Beanspruchung wieder in Kontakt mit unseren Körperenergien.
Nun richten Sie sich langsam auf und öffnen die Augen, falls Sie sie bisher geschlossen hatten. Halten Sie Ihre Arme ausgestreckt vor sich und machen Sie eine Faust, während Sie langsam und kraftvoll durch den Mund ausatmen!
Halten Sie diese Anspannung des ganzen Körpers ein paar Atemzüge lang, und fühlen Sie, wie die Kraft in Ihnen aufsteigt.
Nun entspannen Sie sich wieder, während Sie durch den Mund ausatmen und dabei alle Verspannungen aus sich hinausfließen lassen. Atmen Sie tief, und nehmen Sie spürbar wahr, ob sich Ihre Empfindungsfähigkeit und geistige Wachheit verändert haben, seit Sie mit dieser scheinbar so einfachen Übung begannen.
Jetzt schütteln Sie ein paar Atemzüge lang Hände und Arme kräftig aus, um noch mehr Verspannungen aus sich herauszulassen.
Heben Sie jeweils einen Fuß und schütteln Sie das Bein und den Fuß zusammen mit den Armen und Händen. Dieses Balancieren auf einem Fuß wird Sie noch intensiver in Kontakt mit Ihrem Körper und der eigenen inneren Mitte bringen.
Zum Schluß schütteln Sie den Kopf kräftig, um besonders den Augenbereich von Spannungen frei-

zumachen. Geben Sie ein paar Laute von sich, die wie »Blaahhh« klingen, und stecken Sie dabei Ihre Zunge heraus wie ein dreijähriges Kind!
Jetzt stehen Sie ganz ruhig und schließen die Augen, falls Sie möchten. Lassen Sie Ihre Atmung frei fließen. Öffnen Sie sich für Ihre inneren Gefühle und spüren Sie Ihren ganzen Körper auf einmal.

Phase drei: Auf den Körper klopfen

Um geistige Verspannungen und Blockierungen im Augenbereich weiter zu lösen, beginnen Sie, sachte mit den Händen auf den Kopf zu klopfen. Sie können hierzu entweder Ihre Fingerspitzen benutzen oder mit den Fingern eine Faust bilden.
Artikulieren Sie, während Sie genußvoll auf Ihren Kopf und den Nacken klopfen, einen »Ahhh«-Laut. Oftmals verspannen wir während der Arbeit die Kehle, weil wir unsere natürlichen Reaktionen und Gefühle zurückhalten. Es ist daher durchaus sinnvoll, nach der Arbeit ein paar »verrückte« Laute von sich zu geben, um so wieder in Kontakt mit dem natürlichen Ausdruck der eigenen Stimme zu kommen.
Sie sollten diese Übung jetzt ausprobieren, um zu sehen, wie sie Ihre Augen stimuliert und Spannungen im Kopf- und Nackenbereich löst.

Phase vier: Auf- und Abspringen

Zum Abschluß dieses Bewegungsprogramms werden Sie feststellen, wie wunderbar es sein kann, ein wenig zu hüpfen. Springen Sie dabei nicht hoch oder zu heftig, sondern nur so, daß Sie dieses Auf- und Abfedern genießen können. Nach wiederholtem Auf- und Abfedern wird die Atmung stark angeregt, Sie sollten deshalb den Mund geöffnet halten. Hüpfen Sie im Kreis und beobachten Sie, wie die Welt sich um Sie bewegt. Spüren Sie, wie Ihre Augen durch das Auf- und Abfedern geschüttelt werden. Diese Übung ist besonders geeignet, um Verspannungen in den äußeren Augenmuskeln zu lösen.

Ihre Hände und Schultern sollten dabei ganz locker mitschwingen. Probieren Sie es jetzt — natürlich nur, wenn Sie dieses Buch im Moment nicht gerade in einem überfüllten Zug lesen!

Phase fünf: Die Entspannungssitzung

Es folgt jetzt der Teil der Übungsreihe, den wir im Liegen durchführen. Suchen Sie sich also einen Platz, wo Sie sich bequem hinlegen können; am besten auf den Rücken. Falls Ihnen leicht kühl wird, sorgen Sie dafür, eine Decke in der Nähe zu haben.

Schließen Sie nun die Augen, wenn Sie soweit sind.

Spüren Sie, wie Ihr Körper auf dem Boden oder dem Bett liegt, und lassen Sie Ihren Atem kommen und gehen, ohne ihn zu beeinflussen. Massieren Sie das Gesicht ein wenig, wenn sich das gut für Sie anfühlt. Dehnen Sie den ganzen Körper und gähnen Sie herzhaft. Nun entspannen Sie jeden einzelnen Muskel Ihres Körpers. Lassen Sie alle Verspannungen mit dem Ausatmen aus dem Körper herausfließen. Mit dem zarten Sog der Einatmung spüren Sie, wie sich mehr und mehr ein Gefühl friedvoller Gelassenheit und atmender Gelöstheit in Ihrem Körper auszubreiten beginnt.
Nach dem Ausatmen halten Sie einen Moment inne, bis der zarte Sog der Einatmung wieder einsetzt. Wiederholen Sie dies ein paar Mal.
Nun palmieren Sie, indem Sie die Hände über die Augen legen. Seufzen Sie beim Ausatmen hörbar durch den Mund, um so Spannungen in Kehle und Brust zu lösen.
Lassen Sie Ihre Hände sich dort niederlegen, wo Sie es wollen. Nehmen Sie spürbar wahr, wie sich der Körper mehr und mehr lockert und der Unterlage überläßt. Lassen Sie den Atem ganz zwanglos ein- und ausströmen, ohne ihn zu lenken.
Richten Sie jetzt Ihre Aufmerksamkeit für einen Moment auf Ihre Füße. Spannen Sie sie an, während Sie einatmen. Halten Sie den Atem einen Moment lang in dieser angespannten Haltung an. Und nun, während Sie ausatmen, entspannen Sie die Füße vollkommen.

Beim nächsten Einatmen spannen Sie Ihre Beine an. Halten Sie die Spannung. Und dann atmen Sie die Spannung vollkommen aus sich heraus.
Jetzt spannen Sie die Arme und Hände an beim Einatmen. Einen Moment halten. Dann alles vollständig ausatmen.
Spannen Sie den Bauch und die Rückenmuskeln beim Einatmen an; dann entspannen Sie sie vollkommen beim Ausatmen.
Jetzt spannen Sie bei weit geöffnetem Mund die Muskeln in Gesicht und Mund und die Augen an. Halten Sie diese Spannung einen Moment, und entlassen Sie sie vollständig beim nächsten Ausatmen.
Zum Schluß spannen Sie bei der Einatmung den ganzen Körper an, halten die Spannung für einen Moment, und entspannen dann den Körper, während Sie langsam und wohlig gelöst ausatmen. Nun atmen Sie ganz zwanglos weiter.
Lassen Sie die Entspannung sich weiter vertiefen, so daß der Atem eine Pause einlegen kann, wann er will, und kommen und gehen kann, wie er möchte. Sie brauchen also den Atem nirgendwo hinzuführen, noch müssen Sie sonst irgend etwas tun. Sie können sich ganz der Freude und dem Wohlgefühl dieses Moments hingeben. Um die Entspannung der Augen und des Körpers noch ein wenig weiter zu vertiefen, stellen Sie sich jetzt vor, daß warmes Sonnenlicht auf den Körper und die Augen scheint. Lassen Sie Ihre Gedanken sich mehr und

mehr entspannen, bis auch Ihr Geist ruhig wird wie ein stiller See. Geben Sie sich noch ein paar Minuten diesem Gefühl totaler Entspannung und Gelöstheit hin.

Ein behagliches Dehnen und wohliges Langwerden des Körpers bildet den Abschluß dieser Entspannungssitzung. Die Dehnungen wirken lösend und fördern die Bereitschaft zum Gähnen. Gähnen Sie jetzt ausgiebig, soviel Sie möchten und öffnen Sie dann wieder sachte die Augenlider. Beobachten Sie, wie Ihr Körper reagiert, wenn Sie an den noch vor Ihnen liegenden Teil des Abends denken. Lassen Sie Ihren Gedanken freien Lauf und malen Sie sich aus, was Sie jetzt am liebsten tun würden. Beenden Sie dann langsam die Entspannungssitzung, wenn Sie soweit sind.

Der obige Text entspricht in seinem Ablauf dem, was Sie auch auf der zweiten Seite der Kassette hören werden, so daß Sie also in etwa vorher wissen, was Sie erwartet, und schon einen Vorgeschmack auf den Inhalt haben. Sich von einer Stimme durch eine solche Sitzung führen zu lassen ist wirklich die bestmögliche Art, sich zu entspannen.

Ihre Aufgabe wird es sein, sich die halbe Stunde Zeit zu nehmen und sich dieses Geschenk einer Entspannungssitzung zu machen, so oft Sie den Wunsch und das Bedürfnis danach haben. Sobald Sie sich die Zeit genommen und die Kassette eingeschaltet haben, wird alles andere von selbst kommen durch die Hilfe einer ruhigen und ermutigenden Stimme und durch die begleitende Musik, die extra dafür geschrieben wurde. Genießen Sie also Ihre Entspannungssitzung!

9

Typische Belastungssituationen

Während des letzten Jahrhunderts sind völlig neue Arbeitsplätze entstanden, von denen viele die Augen über die Grenzen ihrer natürlichen Leistungsfähigkeit hinaus beanspruchen. Wir brauchen nur an Piloten in Kampfflugzeugen zu denken, an das technische Personal bei wissenschaftlichen Untersuchungsreihen, bei denen Mikroskope und Teleskope benutzt werden, an Ärzte, die Operationen im Mikrobereich durchführen, um uns ein ungefähres Bild von den Belastungen zu machen, denen die Augen vieler Menschen regelmäßig ausgesetzt sind.

In diesem Kapitel möchte ich einige typische Belastungssituationen untersuchen, um dann ein paar spezielle Anregungen zu geben, falls eine dieser Situationen Sie oder einen Freund von Ihnen betrifft.

Denken wir zunächst einmal an eine Tätigkeit, die die Mehrheit von uns regelmäßig ausführt, die für die Augen recht anstrengend ist, und die vor hundert Jahren noch nicht existierte. Welche dramatischen Veränderungen haben in den letzten hundert Jahren stattgefunden, in der Zeit, als noch nicht einmal die Idee für einen mit Kraftstoff angetriebenen Motor existierte, bis zu den Millionen von Autos in unseren Tagen!

Autofahren und die Augen

Ein bedeutender Streßfaktor beim Autofahren ist die Angst vor einem plötzlichen Unfall. Wir belügen uns selbst, wenn wir behaupten, wir würden keine Verspannung haben, wann immer wir eine Autofahrt beginnen, so nah wie wir der Gefahr ständig sind.

Unsere Augen müssen die Hauptverantwortung übernehmen, dafür zu sorgen, daß ein solcher Unfall vermieden wird. Von allen unseren Sinnen haben besonders die Augen die Last der Verantwortung zu tragen, uns sicher zum Bestimmungsort zu führen. Wenn die Augen nicht schnell genug reagieren und die entsprechende Information aufnehmen und verarbeiten, leben wir gefährlich.

So ist es also ganz normal, wenn auch bedauerlich, daß viele in den Augen und im ganzen Körper mehr oder weniger deutliche Anzeichen von Streß spüren. Allein schon die visuellen Anforderungen sind beim Autofahren ganz erheblich. Die Augen müssen ständig zwischen Nah- und Ferneinstellung wechseln, um nach Gefahren Ausschau zu halten, oder um die richtige Straße bzw. Abzweigung zu finden, um Verkehrszeichen zu erkennen und

die Entfernungen richtig abzuschätzen. Hierbei arbeiten Auge und Gehirn sehr eng zusammen, um so visuelle Informationen aufzunehmen und zu verarbeiten, und um sofort die entsprechenden Muskelreaktionen in unseren Armen und Beinen, Händen und Füßen anzuregen — mit dem Ziel, uns sicher durch die Straßen zu lenken, insbesondere nach einem ermüdenden Arbeitstag.
Wenn die Augen wach und lebendig sind, werden sie diese Herausforderung erfolgreich meistern können. Mit zunehmender Ermüdung kann es jedoch zu erheblichen Koordinationsproblemen in den Augen kommen — mit gefährlichen Konsequenzen.
Die Frage ist also: Was können wir tun, wenn aufgrund von Ermüdung die Augen nicht mehr so gut zusammenarbeiten und die Sehfähigkeit nachläßt?
Zunächst müssen wir uns an die enge Beziehung zwischen Sehfähigkeit und Atmung erinnern. Wenn Sie müde sind oder sich gestreßt fühlen, ist Ihre Atmung flach, mit dem Ergebnis, daß Sie weniger Sauerstoff beim Einatmen erhalten, was wiederum die visuelle und geistige Leistungsfähigkeit beeinträchtigt.
Wenn Sie regelmäßig Ihr Atemverhalten beim Autofahren beobachten, werden Sie bemerken, daß der Atem häufig blockiert ist. Allein durch das spürbare Gewahrwerden dieser unbewußten Gewohnheit beginnt sich der Atem zu erweitern und zu vertiefen.

Ich möchte an dieser Stelle die Anregung geben, einen Zettel mit der Notiz »ATMEN!« vorn im Auto zu befestigen. Er dient als Gedächtnisstütze, die uns daran erinnert, regelmäßig mit dem Atem Fühlung aufzunehmen. Bei der nächsten Autofahrt sollten Sie also regelmäßig den Atem beobachten, um so Ihre unbewußten Atemgewohnheiten herauszufinden. Bei den meisten Menschen läßt sich während des Autofahrens eine flache Atmung beobachten.

Dieses Atemmuster ist eine natürliche Reaktion auf Gefahrensituationen. Alles, was wir dagegen tun können, ist, den Atem spürbar wahrzunehmen und ihn wieder von selbst kommen und gehen zu lassen, wie er will. Wenn Sie mehr über das Thema Atmung erfahren möchten, empfehle ich Ihnen mein Buch »Atmen und Leben« (Rowohlt Verlag).

Ein anderer wichtiger Hinweis zum Abbau von visuellem Streß beim Autofahren ist der, niemals länger als zwei Stunden hintereinander zu fahren, sondern stets nach zwei Stunden eine kleine Pause einzulegen, die Augen zu schließen und ein paar Minuten zu palmieren. Je öfter Sie dies tun, desto häufiger bekommen Ihre Augen eine Erholungspause.

Die meisten Menschen neigen dazu, beim Autofahren Kinn und Zunge zu verspannen. Dies ist ein Teil der Streßreaktion. Entspannen Sie also, während Sie am Steuer sitzen, Kinn und Zunge, und atmen Sie durch den Mund, wenn Sie einen Druck in der Brust spüren. Andernfalls werden sich die Verspannungen in den Backenmuskeln auf die Augenmuskeln übertragen, wie wir bereits weiter oben festgestellt haben.

Auch die Schulter- und Nackenmuskeln sind bei Autofahrern häufig verspannt, und auch diese Verspannungen wirken sich direkt auf die Sehfunktionen aus. Also denken Sie daran, regelmäßig Ihre Schultern und den Nacken während des Fahrens zu bewegen, um diese alten Verspannungen zu lösen und die Blutzirkulation in Kopf und Augen anzuregen.

Lenken Sie jetzt Ihre Aufmerksamkeit auf die Augen und beobachten Sie insbesondere Ihre Sehgewohnheiten beim Autofahren. Viele Menschen haben beim Autofahren wenig hilfreiche Sehgewohnheiten. Diese stammen meist noch aus der Zeit, als das Autofahren zum ersten Mal erlernt wurde. Hier spielen vor allem streßgeladene und mit Angst besetzte Situationen beim Fahrenlernen eine Rolle. Solche Sehgewohnheiten bleiben auch dann bestehen, wenn das Autofahren längst zu einer vertrauten Angelegenheit geworden ist. Die einzige Möglichkeit, wie wir uns von einer alten Angewohnheit befreien können, ist, sich der Gewohnheit bewußt zu werden, so daß wir dann neue Gewohnheiten entwickeln können, die uns dienlicher sind.

Beispielsweise spannen viele Menschen die Gesichtsmuskeln rund um die Augen an, wenn sie Au-

tofahren, besonders nachts, in der Meinung, sie könnten dann besser sehen.
Tatsächlich aber passiert genau das Gegenteil. Auf diese Weise werden nämlich Spannungen in den Augen erzeugt, die die visuelle Leistungsfähigkeit vermindern. Wenn Sie spürbar die Verspannungen wahrnehmen und sie bewußt lösen, können Sie die visuelle Leistungsfähigkeit beim Autofahren erheblich verbessern.
Es läßt sich auch beobachten, daß viele Autofahrer die Augen zu sehr anstrengen, um Informationen in einer Schnelligkeit aufzunehmen, die für die Augenmuskeln einfach unmöglich zu schaffen ist. Diese Angewohnheit geht wiederum Hand in Hand mit einer angespannten Atmung.
Probieren Sie einmal, ob Sie die Geschwindigkeit, mit der Sie von einer Stelle zur anderen schauen, vermindern können, so daß Ihre Augen während des Blickwechsels entspannt bleiben. In den meisten normalen Fahrsituationen können die Augen durchaus eine ausreichende Leistung erbringen, ohne zu einem so extremen Streßverhalten gezwungen zu werden.

Flugpiloten

Vor einigen Jahren habe ich ein Programm für eine Luftfahrtgesellschaft und für den amerikanischen Pilotenverband entwickelt. Hierbei ergab sich die

Möglichkeit, mit im Cockpit einer Boeing 747 zu sitzen, die die ganzen Vereinigten Staaten überflog. So konnte ich genau beobachten, wie die Bedingungen an diesem Arbeitsplatz waren. Was ich herausfand, war eigentlich nicht das, was ich erwartet hatte.

Während Start und Landung muß der Pilot seine Augen natürlich sehr gezielt einsetzen. Er muß auf dicht vorbeifliegende Maschinen achten, die Entfernung zur Landebahn einschätzen, zwischendurch immer wieder schnelle Blicke auf die verschiedenen Anzeigen werfen und dann wieder nach vorn in die Ferne schauen. Daher müssen sowohl die Akkomodationsmuskeln (zum Scharfstellen auf nah und fern) als auch die äußeren Augenmuskeln, welche die Augen in die verschiedenen Blickrichtungen drehen, in ausgezeichnetem und gesundem Zustand sein. Es war nicht schwer, für diese Anforderungen ein paar Übungen zu entwickeln.

Was mich sehr erstaunte, war die relativ große Langeweile und Müdigkeit, die sich nach kurzer Zeit im Cockpit bemerkbar machte. Es wurde schnell deutlich, daß das Hauptproblem der Piloten darin bestand, geistig und visuell wach zu bleiben bzw. wieder zu werden, wenn die Zeit der Landung nahte. Das Radar übernahm die meiste Zeit die Hauptverantwortung für den Flug, solange das Flugzeug in der Luft war. Oft bringen die Computer die Flugzeuge fast ohne das Zutun des Piloten auf die Landebahn. Aber während der Lande- und Startphasen gab es auch immer wieder kurze Momente, in denen eine augenblickliche Reaktion des Piloten auf eine wahrgenommene Gefahr angezeigt sein konnte.

Auch hier gibt es also die Notwendigkeit, unsere Aufmerksamkeit nicht nur den Augen, sondern dem ganzen Körper zuzuwenden, auf der Suche nach Möglichkeiten, wie wir uns eine optimale Wachheit erhalten können. Glücklicherweise haben Piloten mehr Bewegungsspielraum als Autofahrer. Autofahrer halten am besten alle zwei Stunden an und machen einen zweiminütigen Spaziergang, denn das Gehen erfrischt die Sinne oft mehr als jede andere Übung.

Ein Pilot oder Co-Pilot kann regelmäßig von seinem Sitz aufstehen, sich ein wenig dehnen, wie wir es im letzten Kapitel gelernt haben, und Laute von sich geben, um Spannungen in der Atemmuskulatur zu lösen.

Während eines Fluges läßt sich manchmal beobachten, daß Flugpiloten im Flugzeug auf- und abgehen, um sich ein wenig die Beine zu vertreten und wach zu bleiben. Ich fand, daß die meisten Piloten sehr zurückhaltend sind, was Bewegungs- oder Lautübungen betrifft. Sie haben offensichtlich Angst vor Bewegungen und Lauten, über die andere lachen könnten. Wir sind im großen und ganzen alle noch wie kleine Kinder, sogar im Alter von fünfzig Jahren. Das gilt auch für Piloten eines Verkehrsflugzeugs, wenn es darum geht, sich in den Augen der anderen lächerlich zu machen. Obwohl also die Auftraggeber, für die ich dieses Programm erarbeitet hatte, meine Vorschläge für gut befanden, frage ich mich doch, wie viele Piloten diese Übungen wirklich während des Fluges machen. Die Piloten waren tatsächlich viel aufgeschlossener gegenüber einem Entspannungsprogramm nach der Arbeit, wie ich es im letzten Kapitel beschrieben habe. Das ist verständlich, denn wenn jemand unter starkem visuellen Streß bei der Arbeit zu leiden hat, dann sind es die Piloten. Gerade sie brauchen wirklich eine ganze Menge Entspannung nach einem Flug.

Fluglotsen

Eine andere Gruppe von Menschen, die auch unter einem erheblichen visuellen Streß arbeiten, sind die Fluglotsen, die an ihren Bildschirmen im Tower sitzen und helfen, die Maschinen sicher zur Landung einzuweisen. Diese Frauen und Männer starren häufig ununterbrochen auf Computer- und Radarbildschirme, und müssen aufgrund von visuellen Informationen auf diesen Bildschirmen in jedem Moment von neuem sofortige Entscheidungen treffen, von denen das Leben der Besatzungen und Passagiere abhängt.
Die Schwierigkeiten bei dieser Art von Arbeit sind

ähnlich wie die anderer Bildschirmarbeiter/innen: Anhaltendes Starren bei gleichbleibender Naheinstellung führt zu einer Überlastung der Ziliarmuskeln, das Starren auf eine flache Oberfläche stört das innere visuelle Gleichgewicht; die Atmung wird flach und verspannt, besonders durch die zusätzliche erhöhte Angstspannung ständiger möglicher Gefahrensituationen; auch der gesamte Körper ist in Anspannung und verstärkt damit die visuelle und mentale Überlastung.

Mein Rat für diese Berufsgruppe war ähnlich wie der für alle anderen Bildschirmarbeiter: möglichst zahlreiche Kurzpausen zum Palmieren, um die Augen zwischendurch vollkommen zu entspannen, mindestens für zwei Minuten pro halbe Stunde; mit der Atmung in Kontakt bleiben, damit sie während der wichtigen Entscheidungsmomente tief und voll bleibt; mindestens einmal pro halbe Stunde aufstehen und einige Übungen machen, die den Körper dehnen und lockern, und ein paar aerobische Übungen, um das Herz und den Kreislauf in optimaler Funktion zu halten, wie das Auf- und Abspringen oder das Laufen auf der Stelle.

Mein Vorschlag, einen Raum zur Verfügung zu stellen, in dem auch emotionale und vokale Ausdrucksübungen gemacht werden konnten, wurde allerdings leider nicht sonderlich ernst genommen. Die Idee hörte sich sicherlich gut an, aber Fluglotsen dazu zu bekommen, derartige ungewöhnliche Übungen durchzuführen, ist offensichtlich weit schwieriger, als ich zunächst annahm. Wenn Menschen, die solche Entscheidungen treffen, noch wenig Kenntnisse über Methoden zur Lösung von emotionalen Blockaden haben, neigen sie dazu, Leute wie mich als ziemlich verrückte Außenseiter anzusehen, die die ruhige Fassade der Normalität stören, die doch diese Angestellten stets so sehr zu erhalten bemüht sind. Allein schon der Gedanke, daß ein Fluglotse in einen besonderen Raum geht, um ein paar Minuten lang zu schreien und »Dampf« abzulassen, war für alle Beteiligten, mit denen ich zu tun hatte, unvorstellbar.

Ich kann nur allen, die statt dessen mit den üblichen chemischen Mitteln und Stimulantien arbeiten, um wach zu bleiben, viel Glück wünschen. Wenn man das Leben anderer Menschen unter seiner Verantwortung hat, scheint mir selbst Kaffee ein durchaus nicht unproblematisches Anregungsmittel zu sein.

Medizinisch-technisches Personal

Es ist erstaunlich, wie viele Menschen Tag für Tag, Stunde für Stunde das ganze Jahr über vor binokularen Mikroskopen sitzen. Diese Art von Arbeit ist extrem anstrengend für das gesamte visuelle System, und daher möchte ich zumindest ein paar Worte hierzu sagen.

Wie bei allen die Sehfunktion stark beanspruchen-

den Tätigkeiten erfordert diese Arbeit eine intensive Interaktion zwischen dem optischen System und dem kognitiven, analytischen Teil des Gehirns. Die Augen tun nichts anderes, als Lichtimpulse in kodierter Form zum Gehirn zu leiten. Das Gehirn ist gleichsam der Meister, der ständig Anordnungen zum Fokussieren und Ausrichten der Augen gibt, um so die gewünschte Information zu erhalten.
Arbeit an einem Mikroskop über einen längeren Zeitraum, um z. B. Gewebe- oder Blutproben zu untersuchen, bedeuten eine erhebliche Belastung für die Augen. Ich habe auch das medizinisch-technische Personal bei der Arbeit beobachtet, und konnte vielfach feststellen: Während der Untersuchung der Proben im Mikroskop wurde häufig der Atem angehalten und es zeigten sich Verspannungen im ganzen Körper.
Eine solche Arbeit erfordert regelmäßige Entspannungspausen für die Augen und auch körperliche Bewegung. Das Palmieren ist hier wieder die schnellste und einfachste Möglichkeit, in Verbindung mit der Atembeobachtung und Entspannungsübungen. Das sollte etwa alle zehn Minuten für jeweils eine Minute gemacht werden, um Kopf- oder Augenschmerzen vorzubeugen.
Um es nochmal zu unterstreichen: Die Bewegungsübungen aus dem letzten Kapitel sind auch hier der Schlüssel zur Erhaltung der Gesundheit. Zu Hause ist dann der beste Platz, um die Entspannungssitzung anzuschließen. Auch die zweiminütige Ent-

spannungspause einmal jede Stunde sollte nicht vergessen werden, um Augenüberlastungen wirkungsvoll begegnen zu können. Viele Menschen im medizinisch-technischen Arbeitsbereich wenden solche oder ähnliche Übungen bereits an. Auch selbst, wenn Sie vielleicht nur ein paar Nachmittage lang am Mikroskop arbeiten, sollten Sie sich daran erinnern, den Augen regelmäßig eine Entspannungspause zu gönnen.

Arbeiten im Nahbereich

Ob Sie nun Kleidung nähen oder elektronische Bausteine einpassen, Autos zusammensetzen oder Spielzeug herstellen — ständiges Arbeiten im Nahbereich wird fast mit Sicherheit zu Augenübermüdung und Kopfschmerzen führen; ganz abgesehen von den Rücken-, Schulter- und Nackenverspannungen.

Bei meinen Beobachtungen von Menschen bei solchen Tätigkeiten fiel mir etwas Erstaunliches auf: Die meisten Menschen beugen ihren Kopf dichter über die Arbeit, als es eigentlich notwendig wäre. Wir scheinen dazu zu neigen, dies von Natur aus zu tun. Wenn Sie ein kleines Kind beobachten, das eine schwierige Bastelarbeit in den Händen hält, werden Sie feststellen, daß es seine Augen näher und näher an die Arbeit heranbringt; als ob solch extremes Nahsehen den Fingern bei ihrer Arbeit helfen würde.

Auf diese Weise kommt es zu einer starken Überbeanspruchung der Ziliarmuskeln. Viele, die ich bei ihrer Arbeit beobachtete, taten dies vollkommen unbewußt; und als ich sie darauf hinwies, vergrößerten sie sofort, und mit einer gewissen Erleichterung, ihren Blickabstand.
Beobachten Sie sich also bei Ihrer Arbeit, ganz gleich, worin Ihre Tätigkeit besteht. Neigen Sie auch dazu, näher an ein Werkstück heranzugehen als notwendig?
Die äußeren Augenmuskeln kontrollieren nicht nur die Blickrichtung der Augen, sie sind auch für die Naheinstellung von großer Bedeutung. Bei Naheinstellung müssen die Augen ständig spitzwinklig nach innen gedreht werden. Heftige Augenschmerzen kommen daher oft gar nicht so sehr von der Arbeit, die wir tun, sondern mehr davon, wie wir sie tun.
Nochmals zur Erinnerung: Neigen Sie dazu, das bewußte Empfinden für Ihre Atmung und für Ihr inneres Zentrum zu verlieren, wenn Sie arbeiten? Richten Sie Ihre Aufmerksamkeit so ausschließlich auf die Arbeit, daß Sie zu einem Roboter werden, der dann zu einem spürsamen Gewahrwerden seiner selbst nicht mehr fähig ist?
Dies ist für uns alle ein Thema von großer Bedeutung. Da es Gegenstand des nächsten Kapitels ist, werde ich mit ausführlicheren Erklärungen warten, bis wir soweit sind.
Jetzt wollen wir uns noch einmal fragen, was wir

tun können, um einer Überlastung der Augen im Nahbereich entgegenzuwirken.
Machen Sie so oft wie möglich Entspannungspausen für die Augen. Palmieren Sie regelmäßig, und beobachten Sie dabei Ihre Atmung; stehen Sie auf und bewegen Sie sich; dehnen Sie sich ausgiebig und erzeugen Sie dabei Töne, soweit das an Ihrem Arbeitsplatz möglich ist. Springen Sie auf und ab oder machen Sie während der Pausen das Auf-der-Stelle-Laufen. Lassen Sie auch bei der Arbeit Ihren Körper sich stets ein wenig bewegen. Solche Bewegungen helfen uns, in Kontakt zu bleiben mit dem eigenen Kraftzentrum und uns selbst besser zu spüren.

10

Ihre Rechte am Arbeitsplatz

Ich möchte bezüglich der Gesundheit am Arbeitsplatz nicht in die Debatte über die Rechte von Arbeitnehmern gegenüber den Rechten von Arbeitgebern einsteigen. Es gibt kontroverse Ansichten darüber, was genau visuellen Streß bewirkt und ab welchem Streßniveau sich gesundheitliche oder emotionale Probleme ergeben. Diese Fragen werden sicher noch einige Jahre lang debattiert und erforscht werden, bevor es entsprechende Vorschriften im Arbeits- und Gesundheitsrecht geben wird.

Worauf ich mich in diesem Kapitel beziehen möchte, sind gesunder Menschenverstand und Mitgefühl. Es ist offensichtlich, daß die Augen bei den meisten Arbeiten in einem hohen Maße miteinbezogen sind; und sicher ist das menschliche Auge so gebaut, daß es einiges an Belastung und Anstrengung aushalten kann, bevor sich gesundheitliche Probleme entwickeln. Wir sollten jedoch, was die Anforderungen an unsere Augen betrifft, humane Arbeitsbedingungen schaffen, die eine ständige Überforderung der Augen ausschließen. Wir wollen deshalb einmal genauer untersuchen, wieviel

Zeit wir jeden Tag zum Entspannen und Erholen der Augen wirklich brauchen. Da die meisten von uns ihr Geld mit Arbeiten im Nahbereich verdienen, ist diese Frage nicht nur ein sozialpolitisch interessantes Thema, sondern es geht nahezu alle an.

Als ich die Übungen in diesem Buch zusammenstellte, habe ich darauf geachtet, nur die wichtigsten Augen- und Entspannungsübungen hineinzunehmen: Ich habe schon eine Reihe von Programmen für Firmenleitungen entwickelt und weiß daher sehr genau, wie schwer sie sich oft tun, einen Kompromiß zu finden zwischen humanen Arbeitsplatzbedingungen und Produktivitätserfordernissen. Natürlich wäre es für Menschen, die an Bildschirmgeräten arbeiten, wünschenswert, wenn sie alle zehn Minuten für jeweils eine Minute eine Entspannungspause für die Augen einlegen könnten. Die Augen würden es Ihnen danken, und die an Bildschirmgeräten Beschäftigten würden die regelmäßigen Pausen als Entspannungszeit zu nutzen wissen.

Aber was soll man nun wirklich empfehlen, und was wäre eine vernünftige Balance zwischen den Wünschen der Arbeitnehmer und denen der Arbeitgeber? Die beste Art, an dieses Problem heranzugehen, ist meiner Meinung nach, zu untersuchen, wie sich Bildschirmarbeit auf Produktivität, geistige Wachheit, Fehlerquoten und geistige Abwesenheit wegen Übermüdung auswirkt. Was diese Probleme betrifft, sollten Arbeitgeber und Firmen-

leitungen mehr als bereit sein, den Beschäftigten ausreichend Zeit für regelmäßige Pausen und Ganzkörperübungen zur Verfügung zu stellen.
Die visuelle und geistige Effektivität bei der Arbeit im Nahbereich beginnt nach einer halben Stunde ununterbrochener Tätigkeit deutlich abzunehmen. Eine zweiminütige Pause jede Stunde erscheint mir daher realistisch, und in den meisten Fällen würde ich eher eine vierminütige Pause vorschlagen, damit genug Zeit da ist sowohl für Visualisationen und Palmieren als auch für Ganzkörperübungen. Auf jeden Fall sollte mindestens einmal pro Stunde Zeit vorhanden sein, sich ausgiebig zu bewegen. Wenn ich an einem Computer arbeiten müßte, würde ich darauf hinarbeiten, jede halbe Stunde eine Erholungspause zu haben, und ich würde die dafür aufgewendete Zeit durch erhöhte Produktivität mehr als aufholen. Wie denken Sie darüber?
Mein Vorschlag geht dahin, alle halbe Stunde ein paar Minuten Pause für Bewegungsübungen zu reservieren und jede Stunde einmal eine Entspannungspause mit dem Walkman-Kassettenprogramm einzulegen, im ganzen fünf- oder sechsmal am Tag. Die meisten Beschäftigten werden mir wahrscheinlich hierin, sobald sie erst einmal das Programm durchgelesen haben und die Absicht und den Wert des Programms verstehen, zustimmen. Obwohl ich nicht alle Briefe beantworten kann, die Sie mir schicken, wäre ich dankbar, wenn Sie mir mitteilen

(auch in deutscher Sprache), wieviel Zeit und in welchen Abständen Ihr Arbeitgeber Ihnen eine Entspannungspause für die Augen gibt.
Wichtig wird sein, wie Sie die Zeit, die Ihnen zur Verfügung steht, nutzen. Ich hoffe, daß die Entspannungspausen so angenehm für Sie sind, daß Sie regelmäßig den Kopfhörer aufsetzen und für ein paar Minuten pro Stunde in Ihre Phantasiewelt entschwinden. Weitere Kassetten mit Phantasiereisen sind geplant.
Natürlich können Sie sich selbst auch Ihre eigenen Vorstellungsbilder und Tagträume phantasievoll ausmalen. Ihre eigene Imaginationskraft ist groß genug, um Sie aus der Arbeitswelt zu entführen!
Die Ganzkörperübungen bilden einen weiteren wichtigen Teil des Übungsprogramms. Würden Sie Ihre Kollegen stören, wenn Sie sich am Arbeitsplatz ausgiebig dehnen? Haben Sie die Möglichkeit, aufzustehen und Ihre Verspannungen abzuschütteln, oder gilt das in Ihrem Bereich als nicht akzeptabel?
Ich bin der Auffassung, daß Bewegung für jeden Menschen lebensnotwendig ist, und daß wir beispielsweise das Recht haben, uns ausgiebig zu dehnen oder das Auf- und Abfedern zu machen, um so besser mit unseren eigenen Körperenergien in Kontakt zu bleiben. In vielen Büros existieren sehr strenge Verhaltensmaßregeln, ausgesprochene und unausgesprochene, bezüglich Bewegungsfreiheit am Arbeitsplatz. Vielleicht müssen Sie eine Mini-Revolution be-

ginnen, um Ihr Recht auf Bewegung durchzusetzen. Aber ich denke, jedes Büro, in dem noch die alten, bewegungshemmenden Verhaltensnormen existieren, würde von einer Auflockerung profitieren.
Es geht dabei um folgendes: Verspannte Atemmuster erzeugen verminderte geistige Flexibilität aufgrund verminderter Sauerstoffaufnahme. Verspannte Augen führen zu verminderter visueller Informationsverarbeitung und erzeugen so Produktivitätsverlust. Verspannte Körper erzeugen emotionale Unzufriedenheit mit dem Ergebnis, daß die Arbeitsmoral sinkt.
Wenn Sie regelmäßig Pausen einlegen, um durch die Anwendung des Programms diese drei Grundprobleme zu korrigieren, profitieren alle davon.
Ich gehe deshalb davon aus, daß jeder arbeitende Mensch die folgenden drei Grundrechte hat:
Erstens: Das Recht auf eine Arbeitssituation, die den Atem nicht übermäßig verspannt bzw. blockiert.
Zweitens: Das Recht auf regelmäßige Entspannungspausen, um visuellen Streß abzubauen.
Drittens: Das Recht auf regelmäßige Bewegung, die uns von chronischen Muskelverspannungen befreit und uns ein gutes Körpergefühl während der Arbeit gibt.

Wie denken Sie darüber?
Wie denkt Ihr Arbeitgeber darüber?
Was sagt Ihre Gewerkschaft dazu?
Was meinen Ihre Augen dazu?

11

Freude bei der Arbeit

Nun können wir in unserer Erörterung über die Arbeit noch einen Schritt weitergehen und uns fragen, ob es bei unserer Arbeit Raum gibt für persönliche Freude. Menschen sind arbeitende Wesen; das steht außer Frage. Um zu überleben, müssen wir morgens aufstehen und uns mit irgendeiner Tätigkeit beschäftigen, die es uns möglich macht, etwas zum Essen auf dem Tisch zu haben.

Aber wir sind auch Wesen mit einer Seele, mit einer Persönlichkeit, mit Gefühlen und Phantasie, körperlichen Bedürfnissen und einer ganzen Reihe von Wünschen und Sehnsüchten.

Wir sind vor allem Wesen, die danach streben, glücklich zu sein. Wir möchten zufrieden sein mit unserem Leben und in Harmonie mit unserer Umgebung. Wir möchten gebraucht werden, etwas wert sein, respektiert und natürlich auch geliebt werden.

Müssen all diese Wünsche und Bedürfnisse, die uns zu Menschen machen, notwendigerweise beiseite geschoben werden, wenn wir an unserem Arbeitsplatz sind, und können wir sie erst wieder hervorholen, wenn es zum Feierabend läutet und

wir aus dem Büro oder der Fabrik hinausstürmen?
Mein Großvater war ein Viehzüchter der alten Art, der Automobile für einen lärmenden Unsinn hielt, der an harte, aber nicht zu harte Arbeit glaubte, und der mir beibrachte, daß jeder Mensch das Recht habe, sich an seinem Leben zu erfreuen, während er die Arbeit tat, die notwendig war, um das Essen auf den Tisch zu bringen. Ich war sehr beeindruckt von diesem alten Mann, der bei der Arbeit vor sich hin pfiff, der sich zwar manchmal über den Zwölf-Stunden-Tag auf den Feldern beklagte, aber dabei doch auch lachen und während dieser zwölf langen Stunden sich freuen konnte.
Seitdem beschäftigt mich die Frage, warum der eine Mensch seine Arbeit mit Freude tut, während ein anderer sich ständig gegen die Anstrengung auflehnt, die Arbeit haßt und so ständig Spannungen in sich und um sich herum erzeugt.
In Wirklichkeit werden doch Kopf- und Augenschmerzen und andere Beschwerden nur teilweise durch arbeitsplatzbedingte äußere Belastungsfaktoren verursacht. Einen erheblichen Anteil an dieser Überforderung hat auch die innere Haltung des Menschen gegenüber seiner Arbeit selbst. Und fast immer, wenn ein Klient mit Klagen über visuellen Streß zu mir kommt, stellt sich heraus, daß Muskelverspannungen aufgrund von zeitlich ausgedehnter Naharbeit oder zu wenig Bewegung nur ein Teil des Problems sind. Das wirkliche Problem ist

meist ein Mangel an Zufriedenheit und Lebensfreude.

Es würde bei weitem den Rahmen dieses Buches sprengen, in dieses Problem tiefer einzusteigen. Aber es gibt genügend Bücher zu diesem Thema, auf die Sie zurückgreifen können, wenn Sie sich näher damit beschäftigen wollen.

Ich möchte an dieser Stelle nur einige Aspekte des Zusammenhangs von streßhaften Arbeitsbedingungen, Überlastung der Augen und individuellen Bewältigungsstrategien hervorheben.

Arbeitgeber haben zumindest teilweise recht, wenn sie darauf hinweisen, daß die Computer selbst keinen visuellen Streß verursachen, und als Argument anführen, daß in einer Gruppe von Menschen, die die gleiche Arbeit am Computer verrichten, nicht alle unter chronischen Kopf- und Augenschmerzen leiden.

Es ist gerade die Kombination von visuellen und physischen Belastungen in Verbindung mit zusätzlichem emotionalem und mentalem Streß, die die am häufigsten auftretenden Symptome verursacht.

Wenn Sie nicht dort sein möchten, wo Sie sind; wenn Sie tief in Ihrem Inneren Ihre Arbeitssituation ablehnen, existiert in Ihnen ein zusätzlicher unbewußter psychischer Streß, der zu den arbeitsbedingten muskulären Verspannungen hinzukommt und die Gesamtbelastung erhöht.

Sie können zwei Dinge tun, wenn Sie Ihre Arbeit

nicht mögen. Sie können entweder alles daransetzen, einen anderen Arbeitsplatz zu finden, der Ihnen angenehmer ist, oder Sie können damit beginnen, Ihre eigene Haltung gegenüber Ihrer Arbeit zu verändern, so daß die Arbeit zu einem harmonischen Teil Ihres Lebens wird.

Der erste Schritt besteht immer darin, einen ehrlichen Blick auf die eigenen Gefühle gegenüber der Arbeit zu werfen. Ist die Arbeit wirklich befriedigend für Sie, oder lehnen Sie sich tief in Ihrem Inneren dagegen auf, jeden Morgen aufzustehen und ins Büro zu gehen? Beobachten Sie, was für Gedanken und Gefühle Ihnen dazu kommen, wenn Sie ein paar Atemzüge lang pausieren und Ihre Atmung beobachten. Stellen Sie sich die Frage, wie Sie sich beim Gedanken an Ihre Arbeit fühlen, und beobachten Sie, wie diese Frage Ihre Atmung und allgemein Ihr Körpergefühl beeinflußt.

Wenn Sie Ihren Arbeitsplatz, jedesmal, wenn Sie in den Raum kommen, eigentlich gar nicht sehen wollen, werden Ihre Augen sich verspannen — das ist offensichtlich. Wenn Sie tief in Ihrem Inneren Ihre Arbeit nicht sehen wollen, während Sie sich gleichzeitig dazu zwingen, sie anzusehen, dann sind die äußeren Augenmuskeln ständig in einem Zwiespalt zwischen den bewußten und den unbewußten Anordnungen. Dies ist eine der grundlegenden Ursachen für Augenverspannungen.

Trifft dies bei Ihnen vielleicht zu?

Die innere Einstellung gegenüber Arbeit im allgemeinen und gegenüber der gegenwärtigen Arbeit im besonderen ist also von zentraler Bedeutung. Viele von uns haben von ihren Eltern eine negative Einstellung gegenüber der Arbeit mitbekommen. Oder wir haben beim Eintritt in das Berufsleben schlechte Erfahrungen gemacht, die zu einem negativen Vorurteil gegenüber jeglicher Arbeit geführt haben.

Natürlich gibt es in der Arbeitswelt viele Ungerechtigkeiten. Auch ist es wahr, daß wir in einem gewissen Sinne abhängig sind von den Maschinen, an denen wir arbeiten müssen, um überleben zu können.

Ich habe einmal als Therapeut in einem Gefängnis in Kalifornien gearbeitet und war erstaunt, als ich feststellte, daß tatsächlich einige der Gefangenen bei ihrer Arbeit fröhlich vor sich hin pfiffen. Diese Menschen waren ja nun wirklich in extremer Weise ihrer Freiheitsrechte beraubt und sie konnten sich die Art ihrer Arbeit nicht aussuchen. Aber sie hatten ihre Situation akzeptiert und einen Weg gefunden, auch in dieser Situation Freude am Leben zu haben, sogar unter den furchtbarsten Umständen.

Das scheint mir auch der springende Punkt zu sein, was sowohl die Beziehung zu Streß als auch die Freude am Leben ganz allgemein betrifft: Wenn wir unserer Arbeit nachgehen und dabei gleichzeitig in Kontakt mit der eigenen inneren Mitte bleiben, etwas, was uns niemand wegnehmen kann, dann können wir auch fröhlich bei der Arbeit vor

uns »hin pfeifen«. Ich glaube fest daran, daß wir dieses Recht haben.
Keine Arbeit sollte so hart sein, daß sie einen Menschen völlig verschlingt. Es sollte zum Beispiel immer die Möglichkeit für ein bewußtes Gewahrwerden des eigenen Körpers geben. Sie sollten die Freiheit haben, sich gut zu fühlen, während Sie Ihre Arbeit tun. Es sollte Ihnen auch erlaubt sein, Gefühle zu zeigen, statt zu versuchen, sie nicht sichtbar werden zu lassen. Außerdem sollten Sie niemals zu so schneller Arbeit gezwungen werden, daß Sie das Gefühl für Ihre eigene innere Mitte verlieren. Im Grunde schlage ich hier die Einhaltung verfassungsmäßig verbriefter Rechte vor. In der amerikanischen Verfassung steht, daß alle Menschen das Recht auf Glück haben. Ich möchte dabei betonen, daß alle Menschen das Recht haben, glücklich *zu sein*, nicht nur das Recht, dem Glück nachzujagen. Amerika ist voll von Menschen, die dem Glück nachjagen, weil sie das Recht darauf haben. Wäre es nicht besser, wenn Menschen sich einfach entspannen würden, wo immer sie im Moment sind, um sich Zeit zu nehmen, den Moment zu genießen, während sie ihrer Arbeit nachgehen?
Ich weiß, daß Sie dieses Buch gekauft haben, um Ihren Augen zu helfen, und nicht um sich mit Ihrer Einstellung zum Glücklichsein auseinanderzusetzen. Aber genau dieses Thema scheint mir von so grundlegender Bedeutung für die Augen zu sein, daß ich es doch zumindest anschneiden wollte.

Wenn Sie das nächste Mal zur Arbeit gehen, achten Sie darauf, wie Ihre Augen reagieren, wenn Sie den Arbeitsplatz betreten. Schauen Sie in den Raum und akzeptieren Sie, was die Augen sehen, oder bemerken Sie eine ständige innere Auflehnung in sich, die zu allen möglichen Verspannungen führt?
Wenn Sie solche Verspannungen bemerken, dann horchen Sie einmal in sich hinein, um herauszufinden, wie Ihre Einstellung zu Spaß und Freude bei der Arbeit ist. Wie wäre das für Sie, wenn Sie jeden Moment Ihrer Arbeit genießen könnten?
Ihre Augen würden lächeln, die Verspannungen würden sich auflösen, und Sie würden produktiver arbeiten.
Ich möchte Sie nicht bei der Wahl Ihrer Arbeit beeinflussen noch bei der Entscheidung, die Arbeit zu genießen oder abzulehnen.
Dieses Buch zielt vielmehr auf folgendes ab: Es möchte Ihnen eine Auswahl praktischer Programme anbieten, die Sie bei Ihrer Arbeit anwenden können, wenn Sie Ihre Arbeitszeit mehr genießen möchten. Zugleich helfen diese Programme, Streßzustände visueller, mentaler und körperlicher Art besser zu bewältigen.
Aber ich gebe zu, daß ein erheblicher Teil meiner Motivation beim Schreiben dieses Buches von der Hoffnung getragen wird, daß es künftig mehr lächelnde Augen an den Arbeitsplätzen gibt! Vielleicht ist die Arbeit, die Sie tun, sehr anstrengend,

und Sie finden keine Möglichkeit, sich von ihr zu distanzieren. In diesem Fall hoffe ich, daß Sie mein Programm benutzen werden, um ein wenig mehr Freude an Ihrer Arbeit zu finden, und dabei nicht nur über die Augenbeschwerden triumphieren können, sondern auch über alle Zwänge, die Ihnen Ihr inneres Lächeln und den Ausdruck Ihrer Freude genommen haben.

Pfeifen Sie zumindest im stillen vor sich hin, während Sie arbeiten!

12

Eine spirituelle Meditation

Ich habe bereits an verschiedenen Stellen über den Kontakt zur eigenen inneren Mitte gesprochen, aber noch nicht gesagt, wie wir die eigene Mitte finden können. Wie sollen wir also vorgehen, um eine solche Fühlungnahme zu erreichen?

Diese Frage scheint mir gerade heute von großer Bedeutung zu sein. Lassen Sie mich Ihnen eine Meditation vorstellen, die Sie während der Arbeit machen können, zusätzlich zum Palmieren. Wahrscheinlich werden die meisten Arbeitgeber nicht gerade begeistert sein, wenn sie erfahren, daß während der Entspannungspausen eine spirituelle Meditation durchgeführt werden soll. Es wird jedoch keiner erfahren, was Sie tun, da Sie dabei nur still sitzen und mit den Händen über den Augen ein oder zwei Minuten ruhig und entspannt atmen. Ein sicheres Anzeichen für den Kontakt zur eigenen Mitte wird sein, daß Ihre Augen lächeln, wenn Sie die Hände wieder vom Gesicht nehmen!

Die Meditation, oder Kontemplation, wenn Sie diesen Ausdruck lieber mögen, hat folgenden Ablauf:

Sie sitzen ruhig da, machen vielleicht vorher ein paar Bewegungsübungen und dehnen sich noch ein wenig. Dann legen Sie Ihre Hände zum Palmieren über die Augen, wie in einem früheren Kapitel beschrieben.
Sie beobachten Ihre Atmung ein paar Atemzüge lang und stellen fest, ob sich der Atemrhythmus währenddessen verändert.
Dann stellen Sie sich irgendeine Szene vor, die Ihnen gerade einfällt, so als ob Sie sie mit den Augen sehen würden; tatsächlich sehen Sie die Szene aber mit Ihrem geistigen Auge. Der Trick besteht darin, sich der Atmung bewußt zu bleiben und gleichzeitig die inneren Bilder zu betrachten.
Sie geben damit Ihren Gedanken völlige Freiheit, hervorzubringen, was immer sie möchten; und dies ist eine wunderbare Geste gegenüber Ihrem inneren Zentrum. Statt ständig Ihre Gedanken zu kontrollieren und auf die Arbeit auszurichten, entspannen Sie sich jetzt von allen üblichen Gedankenläufen und öffnen sich für einen spontanen Kontakt mit Ihrem inneren Selbst.
Natürlich wird es zunächst, wenn Sie mit dieser Meditation beginnen, Blockaden geben, die den Fluß der Bilder zurückhalten. Aber jedesmal, wenn Sie diese kurze einminütige Meditation machen, wird sie eine neue Erfahrung sein, und Sie werden die Beziehung zu Ihrem inneren Zentrum neu entdecken.
Sehr häufig werden Sie eine schöne Szene vor sich

sehen, teilweise deshalb, weil ich Ihnen solche Vorstellungsbilder in den Entspannungspausen gegeben habe, teilweise aber auch, weil Menschen normalerweise zu solchen Phantasien neigen, sobald sie die Möglichkeit dazu haben. Diese Vorstellungsbilder werden die Augen ebenso wie die Gedanken entspannen.

Manchmal werden auch unerwartete Vorstellungsbilder auftauchen. Diese Bilder stammen meist aus der Vergangenheit und sie wollen uns zu Bewußtsein bringen, daß es da bestimmte Dinge gibt, die wir anschauen oder annehmen sollten, um sie abzuschließen. Es können aber auch Bilder aus Ihrer inneren Vorstellungswelt sein wie z. B. Phantasien, die Sie überraschen, unterhalten und vielleicht auch schockieren werden.

Schließlich wird dann ab einem bestimmten Zeitpunkt ein tieferer Kontakt mit Ihrer eigenen inneren Mitte möglich sein. Sie werden das Gefühl haben, hinter Ihre Erinnerungen und Phantasien zu blicken und direkt in Ihr Herz zu sehen. Ich kann Ihnen nicht beschreiben, wie diese Erfahrung sein wird; es gibt dafür keine Worte. Aber sie scheint eine normale Erfahrung zu sein für alle diejenigen, die regelmäßig diese Meditation durchführen und in sich hineinschauen.

Diese tiefe Meditation wollte ich Ihnen zum Abschluß und zur Abrundung der verschiedenen Entspannungstechniken geben. Alle Methoden ergänzen sich wechselseitig, aber sie sind in meinen Augen nicht vollständig, wenn wir nicht die spirituelle Dimension miteinbeziehen, denn es scheint mir, daß Glück und friedvolle Gelassenheit aufs engste damit verknüpft sind, wie sehr es uns gelingt, einen reinen Kanal zu dieser inneren Mitte der Klarheit und des Friedens zu finden.

13

Anleitung zu den sieben Entspannungspausen für die Augen und zur zwanzigminütigen Entspannungssitzung

Als wir noch kleine Kinder waren, bevor wir lernten zu lesen, wurden wir stark beeinflußt von Geschichten, die unsere Eltern, älteren Freunde und Lehrer uns erzählten. In diesen ersten paar Jahren unseres Lebens entdeckten wir, wie schön es ist, wenn wir unsere Augen schließen, einer freundlichen Stimme zuhören und uns die Szenen vorstellen, die in der Geschichte beschrieben werden.
Als wir dann vom Hören zum Lesen überwechselten, änderte sich die Art unserer Vorstellungswelt. Visuelle und auditive Informationsaufnahme unterscheiden sich tatsächlich sehr voneinander, wie die psychologische Forschung herausgefunden hat.
Wenn wir lesen, halten wir unsere Augen beschäftigt. Wir brauchen Muskelaktivität, und das Gehirn muß ständig mit den Augen zusammenarbeiten, um die Bewegungen des Auges zu steuern.
Beim Hören dagegen können wir einfach die Augen schließen und die gesprochenen Worte in uns aufnehmen. In diesem entspannten Zustand des Hörens sind wir viel aufnahmebereiter für Suggestionen und werden daher auch viel mehr von ih-

nen beeinflußt, als wenn wir die gleichen suggestiven Worte lesen würden.

Bei meiner Arbeit mit Klienten benutzte ich meist meine Stimme, wie es in der Natur der Sache liegt. Einen Klienten lesen zu lassen, er solle sich einen wundervollen Strand vorstellen, funktioniert einfach nicht so gut, als denselben Klienten die Augen schließen und meinen Worten zuhören zu lassen. Dasselbe gilt natürlich auch für die Programme, die Sie hier lernen.

Deshalb gibt es parallel zu diesem Buch eine Kassette, auf der die Anleitungen zu den nun folgenden sieben Entspannungspausen und zu der zwanzigminütigen Entspannungssitzung sowie die dazugehörige, speziell für diese Kassette aufgenommene Musik zu finden sind. Ohne eine gründliche Beschreibung des Programms ist es jedoch meist schwierig, sich in die Übung hineinzuversetzen. Eine gewisse Vorbereitung ist notwendig. Wie Sie gesehen haben, braucht es mehr als hundert Seiten, damit wir, Leser/innen und Autor, uns verstehen und damit Sie fähig sind, das Programm zu erfassen. Auch für die Übungen gilt, daß eine gewisse Vorbereitung notwendig ist. Ich beschreibe also im folgenden die sieben Entspannungspausen für die Augen und die zwanzigminütige Entspannungssitzung, die Sie entweder nur mit Hilfe des Buches oder auch mit der Kassette durchführen können.

Die ersten fünf Entspannungspausen sind zur Benutzung während der Arbeit gedacht; etwa einmal pro Stunde. Schließen Sie die Augen, lösen Sie sich langsam von der Realität und beobachten Sie Ihre Atmung, die sich dabei zu beruhigen beginnt.
Dann folgt eine zweiminütige Phase, in der Sie verschiedene Visualisationen durchführen, die ich Ihnen noch näher beschreiben werde. Zum Ende der jeweiligen Entspannungspause sollten Sie sich langsam wieder auf Ihre Arbeitssituation einstellen.
Die Entspannungspausen sind lang genug, um Ihre Augen ausreichend zu entspannen, aber nicht so lang, daß es Ihnen anschließend schwerfällt, sich wieder auf die Arbeitssituation umzustellen. Die Gedanken kommen während der Pause zur Ruhe, und der Atem kehrt wieder in seinen entspannten Zustand zurück. Danach öffnen Sie behutsam die Augen und sind wieder bereit, mit der Arbeit zu beginnen. Diesen Kompromiß müssen Sie natürlich mit Ihrem Arbeitgeber schließen, falls er sich mit dem Konzept der Entspannungspausen einverstanden erklärt.
Die letzten beiden Entspannungspausen sind doppelt so lang, so daß Sie zusätzlich zweimal am Tag mehr als fünf Minuten pausieren können und dabei Zeit für Bewegungsübungen und für Tagträume haben. Wenn Sie danach Musik hören wollen, können Sie Ihre Meditationen und Entspannungen auch länger machen, wenn Sie dazu Zeit haben; vielleicht während der Mittags- oder Kaffeepause.

Schließen Sie die Augen und lassen Sie den Atem frei fließen und fühlen Sie, wie die Luft durch Ihre Nase ein- und ausströmt. Nehmen Sie die Bewegungen in Ihrem Brustkorb wahr.
Dann öffnen Sie den Mund, atmen tief ein, seufzen und gähnen, wenn Sie möchten, und dehnen wohlig Ihren ganzen Körper.
Öffnen Sie jetzt die Augen ohne Hast und ohne irgend etwas Spezielles zu betrachten. Spüren Sie Ihren Atem, während Sie selbstvergessen wie ein tagträumendes Kind in den Raum schauen.
Nun schließen Sie die Augen wieder, atmen ganz zwanglos ein und aus, und legen Ihre Hände zum Palmieren über die Augen. Wenn Sie beim Ein- und Ausatmen einen Druck spüren, sollten Sie durch den Mund atmen, um die Spannungen herauszulassen, während sich die Augen in der schützenden Dunkelheit entspannen können.
Zum Abschluß der ersten Entspannungspause massieren Sie Gesicht, Nacken und Schultern und bringen so mehr Energie in den Augenbereich. Dehnen Sie sich noch ein wenig und gähnen Sie, wenn Sie möchten. Beginnen Sie dann wieder mit Ihrer Arbeit, wobei Sie den Atem weiterhin wahrnehmen, um so auch während der Arbeit das neu erwachte Körpergefühl genießen zu können.

Schließen Sie die Augen, entspannen Sie sich, und beobachten Sie den Atem, wie er ein- und ausströmt.

Bedecken Sie die Augen zum Palmieren mit den Händen. In der Stille nach dem Ausatmen halten Sie einen Moment inne, bis der zarte Sog der Einatmung wieder beginnt und Sie ein starkes Bedürfnis nach Luft verspüren. Das wird Sie mit Ihrem Atemreflex in Berührung bringen. Der Atem kehrt wieder in seinen natürlichen, entspannten Zustand zurück.

In diesem erweiterten Bewußtseinszustand können Sie sich einen wunderbar blauen Himmel vorstellen, warmes Sonnenlicht auf Ihrer Haut und eine große weiße Wolke, die über Sie hinwegzieht.

Solche Vorstellungsbilder haben, obwohl sie einfach erscheinen mögen, einen starken Effekt auf die Muskeln des Auges, wobei sich durch das Sehen in die Ferne insbesondere die Ziliarmuskeln lockern. Sie vermitteln uns ein Gefühl friedvoller Gelassenheit und führen zu einer Entspannung des ganzen Körpers.

Jedesmal, wenn Sie sich dieses Bild wieder vorstellen, wird ein etwas anderes Bild vor Ihrem geistigen Auge entstehen: Ihre Vorstellungskraft ist immer beeinflußt von Ihrem gegenwärtigen emotionalen und geistigen Zustand; daher werden Sie jeden Tag eine neue Wolke und einen neuen Himmel sehen.

Sehr bald, nachdem Sie zwei- oder dreimal solche Vorstellungsbilder in sich hervorgerufen haben, wird sich Ihre Vorstellungskraft erweitern, und Sie werden alle möglichen Arten von schönen Bildern sehen können: Viele Menschen berichten, daß ihre eigene Vorstellung zu allen möglichen Situationen endlose eigene Geschichten erfunden hat. Sie können auch bei jeder neuen Sitzung die gegebene Suggestion verändern und erweitern, wenn Sie das wollen.

Die zweite Entspannungspause endet mit einer weiteren Augenentspannung, mit einem schönen Sichausdehnen des ganzen Körpers und einer Gesichtsmassage, bevor Sie die Augen wieder öffnen und Ihrer Arbeit nachgehen.

Die dritte Entspannungspause

Machen Sie es sich auf einem Stuhl oder Sessel bequem und dehnen Sie sich ein wenig. Die Augenlider schließen sich ganz von selbst und ohne Hast. Sie beobachten Ihren Atem und lenken gleichzeitig Ihre Aufmerksamkeit auf die Augen, so daß sich beide, Augen und Atmung, mit jedem Ein- und Ausatmen mehr und mehr entspannen können.

Wenn Sie möchten, legen Sie dann die Hände über die Augen und stellen sich eine wunderschöne Wiese vor, auf der Sie gerade sitzen. Das Gras wiegt sich vor Ihnen hin und her, und warmes Sonnen-

licht fällt auf Ihre Haut. Etwas weiter weg sehen Sie märchenhafte Bäume, deren Blätter sich leicht im Wind wiegen.
Sie beobachten wieder Ihre Atmung und blicken dann noch weiter in die Ferne, auf eine prachtvolle Bergkette. Sie können die Weite dieser Landschaft um sich herum spüren. Die Farben sind wunderbar, die Formen angenehm anzuschauen, und alle Bewegungen wirken sehr sanft.
Während Sie weiter auf diese schöne Szene schauen, lassen Sie Ihr Kinn sich entspannen, atmen durch den Mund, um die Kehle zu lockern und artikulieren einen leisen »Ahhh«-Laut, wenn Sie möchten.
Sie können auch Ihren Kopf hin- und herbewegen, als würden Sie nach links und rechts schauen, zu den weit entfernten Bergen, Bäumchen und Wiesen um Sie herum.
Dann lassen Sie dieses Bild sich wieder auflösen und nehmen spürbar wahr, wie der Atem kommt und geht. Erweitern Sie Ihr Bewußtsein und fühlen Sie Ihren ganzen Körper jetzt in diesem Augenblick.
Öffnen Sie dann die Augenlider ohne Anstrengung und Hast. Sie sind nun bereit, wieder mit der Arbeit zu beginnen. Die erweiterte Wahrnehmungsweise für den Atem und den ganzen Körper sollten Sie beibehalten, indem Sie regelmäßig immer wieder den Atem beobachten und sich des ganzen Körpers bewußt werden.

Schließen Sie die Augen und beobachten Sie, wie der Atem kommt und geht — die übliche Einstimmung zu Beginn jeder Entspannungspause. Legen Sie die Hände über die Augen, wenn Sie möchten — manchmal werden Sie es vielleicht vorziehen, die Augen nicht zu bedecken, also tun Sie immer das, was Sie gerade als richtig empfinden.
Dieses Mal stellen Sie sich vor, daß Sie draußen in der Natur sind, und Sie gehen ein wenig spazieren. Sie fühlen sich so wohl in Ihrer Haut, daß Sie vor sich hinsummen oder eine Melodie pfeifen. Auf einmal verspüren Sie Lust zu laufen. Sie laufen entlang einer Straße oder eines Weges, und Sie fühlen sich so frei wie der Wind. Während Sie sich vorstellen, daß Sie da draußen mit dem Wind um die Wette rennen oder wie ein wildes Pferd davongaloppieren, bewegen Sie den Kopf ein wenig hin und her und spüren dabei alle Schulter- und Nackenmuskeln.
Sie können auch Ihren Körper bewegen, um in Kontakt mit Ihren Muskeln zu bleiben, während Sie sich diese kraftvolle Bewegung vorstellen.
Ihre Atmung wird hierbei von selbst tiefer. Sie öffnen Ihren Mund und spüren, wie Ihr ganzes Gesicht strahlend und lebendig wirkt. Nun werden Sie allmählich langsamer, bis Sie wieder gehen.
Dann ist es Zeit, auch diese Entspannungspause zu beenden, sich wieder ganz in der Gegenwart zu füh-

len und einen Moment lang das Gesicht ein wenig zu massieren, bevor Sie die Augenlider sachte öffnen und wieder Ihrer Arbeit nachgehen.

Die fünfte Entspannungspause

Hier kommt nun die geheimnisvolle, »verbotene« Seite des Programms, wenn Sie die Augen schließen, den Atem kommen und gehen lassen und sich all das »Verbotene« vorstellen, was Sie wollen und was Ihnen gerade einfällt. In dieser fünften Entspannungspause können Sie sich alle möglichen »verbotenen Vorstellungen« phantasievoll ausmalen. Sei es, nackt an Ihren Arbeitsplatz zu kommen, die Kronjuwelen zu stehlen, durch die Luft zu fliegen wie ein Falke, mit einem Satz über hohe Gebäude zu springen oder sich sexuelle Phantasien auszumalen, die Sie niemals irgend jemandem erzählen würden.
Die fünfte Entspannungspause machen Sie vielleicht am Nachmittag, wenn die Zeit für ein herzhaftes Lachen gekommen ist. Ich kann mir jetzt schon vorstellen, was bei dieser Entspannungspause herauskommen wird, und allein der Gedanke daran bringt mich schon zum Schmunzeln.

Wir kommen nun zu den beiden längeren Entspannungspausen von etwa fünf Minuten. Bei der ersten längeren Entspannungspause stehen Sie von Ihrem Arbeitsplatz auf, oder Sie machen diese Übung, wenn Sie wieder zu Hause sind. Zu Beginn schließen Sie die Augen. Sie nehmen den ganzen Körper wahr, während Sie spüren, wie der Atem kommt und geht. Spüren Sie Ihre Füße auf dem Boden, Ihren Kopf in der Luft, und alles, was dazwischen liegt.

Lockern Sie Zunge und Kinn, atmen Sie durch den Mund und schütteln Sie den Kopf sanft hin und her. Artikulieren Sie dabei einen leichten »Ahhh«-Laut. Dann schütteln Sie Ihren ganzen Körper, die Arme, die Hände, die Hüften, einfach alle Glieder wie in einem Tanz.

Nun springen Sie ganz leicht auf der Stelle. Sie können spüren, wie die Augen in den Augenhöhlen beim Auf- und Abfedern gut durchgeschüttelt werden. Drehen Sie sich jetzt im Kreis und lassen Sie die Welt an sich vorbeiziehen. Atmen Sie dabei durch den Mund, damit Ihr Atem frei und gelöst sein kann.

Nachdem Sie genug auf- und abgefedert sind, stehen Sie still da. Die Atmung beruhigt sich. Sie schließen Ihre Augenlider, dann bedecken Sie die Augen mit den Handflächen und lassen sie zur Ruhe kommen. Sie spüren, wie die Atembewegung sanfter wird. Während die Handhöhlen immer noch die Augen bedecken, beugen Sie sich langsam vornüber, wie Sie es in der entsprechenden Übungsbeschreibung gelernt haben, bis Ihr Kopf zwischen den Knien herabhängt. Bleiben Sie einen Moment lang ausgeatmet in dieser Position, und atmen Sie dann mit dem Aufrichten ein, bis Ihr Rücken gerade und der Kopf wieder oben ist. Dann beugen Sie sich beim Ausatmen abermals hinunter, halten einen Moment inne und atmen wieder ein. Das Ganze tun Sie noch einmal, langsam und genußvoll; fühlen Sie dabei, wie die Bewegungen auf Ihre Augen wirken, auf Ihre Atmung und auf Ihren ganzen Körper.

Dann stehen Sie ruhig da, die Augen sind geschlossen. Sie können dabei auch palmieren, wenn Sie möchten. Sie atmen tief ein und aus und fühlen Ihren Herzschlag. Stellen Sie sich dabei nacheinander vor, Sie würden in den blauen Himmel schauen, auf eine weiße Wolke und auf das Grün einer feuchten Wiese, auf das Braun eines leeren Feldes, auf das Rot eines Sonnenuntergangs und auf das Weiß des aufgehenden Mondes.

Lassen Sie die Farben die einzelnen Vorstellungsbilder ganz erfüllen. Dann lösen Sie sich für einen Moment von diesen Bildern und stellen sich irgendeine Szene vor, die Ihnen gerade in den Sinn kommt. Wenn Sie soweit sind, lassen Sie auch dieses Bild wieder gehen und öffnen sachte die Augenlider. Sie werden der Atembewegung ge-

wahr und spüren Ihre innere und äußere Welt auf einmal.
Sie sind jetzt bereit, zur Arbeit zurückzukehren, oder Sie können, falls Sie zu Hause sind, tun, was Sie möchten.

Die siebte Entspannungspause

Diese Entspannungspause verbindet Bewegung mit der spirituellen Meditation, die Sie im zwölften Kapitel kennengelernt haben. Auch diese siebte Entspannungspause können Sie während oder nach der Arbeit machen, oder morgens, bevor Sie zur Arbeit gehen.
Zu Beginn stehen Sie wie bei der sechsten Entspannungspause ruhig da und nehmen Ihren Atem, den Körper, die Luft um Sie herum und den Boden, auf dem Sie stehen, wahr.
Dann schütteln Sie den Kopf ein wenig hin und her und erzeugen dabei alle möglichen Laute. Dadurch wird die Atmung angeregt, und der Kopf wird wieder frei. Um die Lösung von Verspannungen und die Blutzirkulation im Augen- bzw. Schulter-Nackenbereich zu unterstützen, trommeln Sie behutsam mit den Fingerspitzen oder den Fäusten auf den Kopf. Sie können das Energieniveau weiter erhöhen, wenn Sie das »Auf-der-Stelle-Laufen« anschließen. Atmen Sie durch den Mund und heben Sie die Knie so hoch wie möglich.

Kommen Sie wieder zur Ruhe, lassen Sie den Atem frei fließen und beobachten Sie, wie die Welt um Sie herum jetzt aussieht.
Nun beugen Sie sich vornüber, die Beine sind gespreizt, und legen Sie die Hände mit den Handflächen nach unten auf den Boden, während Sie ausatmen. Halten Sie diese Position mehrere Atemzüge lang und spüren Sie die energetische Aufladung, die durch Ihre Beine und den Rücken strömt. Richten Sie sich langsam mit der Einatmung auf; dann beugen Sie sich wieder mit der Ausatmung hinunter. Halten Sie einen Moment inne, richten Sie sich dann mit der Einatmung wieder auf; und die ganze Zeit blicken Sie dabei auf den Boden unter sich. Diese Bewegung ist damit zugleich auch eine Akkomodationsübung!
Jetzt stehen Sie aufrecht da und entspannen sich ein paar Atemzüge lang. Gehen Sie dann etwas im Raum umher, falls das möglich ist, und setzen oder legen Sie sich danach bequem hin. Dann massieren Sie ein wenig das Gesicht. Dehnen Sie sich behaglich und gähnen Sie, wenn Sie möchten. Sie können auch die Augen mit den gut gewölbten Handtellern bedecken, wie Sie es vom Palmieren her bereits kennen.
Es folgt dann die spirituelle Meditation, die bereits im zwölften Kapitel beschrieben wurde. Öffnen Sie sich dabei für alles, was Ihnen an Bildern in den Sinn kommt, und beobachten Sie zugleich Ihre Atmung. Ihr inneres Selbst wird Sie auf dem Weg zur eigenen Mitte leiten.

Da das Ende dieser Meditation bewußt offengehalten ist, können Sie solange meditieren, wie Sie wollen.

Soweit also die Informationen zu den Entspannungspausen. Natürlich müssen Sie im Gespräch mit Ihrem Arbeitgeber klären, auf welche Weise die Entspannungsübungen in Ihren Arbeitsalltag integriert werden können. Ich möchte noch hinzufügen, daß es vielleicht etwas unfair von mir war zu behaupten, daß Firmenleitungen und Arbeitgeber generell von einer spirituellen Meditation nicht sonderlich begeistert seien. Ich habe dies mehr aus meinen eigenen, weniger guten Erfahrungen heraus gesagt. Ich habe aber auch schon Klienten aus dem Managementbereich kennengelernt, die sehr dafür waren, auch die spirituelle Dimension in den Arbeitsalltag einzubringen.
Wie Sie sicher feststellen konnten, ist diese Meditation frei von religiöser Begrifflichkeit, so daß es eigentlich keine religiösen Vorbehalte geben dürfte. Für mich gehen die tieferen spirituellen Erfahrungen über theologische Dogmen hinaus, da sie in Bereiche des Bewußtseins führen, die jenseits aller begrifflichen Erklärungen liegen. Ich möchte noch hinzufügen, daß die Entspannungspausen natürlich nicht nur allein gemacht werden können. Es ist möglich, daß Ihre Kollegen und Kolleginnen die Entspannungspausen mit Ihnen zusammen machen möchten. Es macht immer mehr Spaß, in einer kleinen Gruppe auf eine Phantasiereise zu gehen.

Im achten Kapitel habe ich eine genaue Beschreibung dieser Sitzung gegeben. Sie ist eine Kombination aus Bewegung, Meditation, Entspannung und Revitalisierungsübungen. Um sich zu vergewissern, wie die verschiedenen Bewegungsübungen ausgeführt werden, empfehle ich Ihnen, die entsprechenden Seiten nochmals durchzulesen.

Zum Schluß möchte ich Ihnen noch vorschlagen, das ganze Programm zunächst ein paarmal zu Hause durchzuführen und es dort in Ruhe auszuprobieren, bevor Sie es an Ihrem Arbeitsplatz einsetzen. Oft ist es das Beste, ein solches Abenteuer erst einmal in der sicheren Atmosphäre des eigenen Hauses zu beginnen!

Knaur

Alternativ Heilen

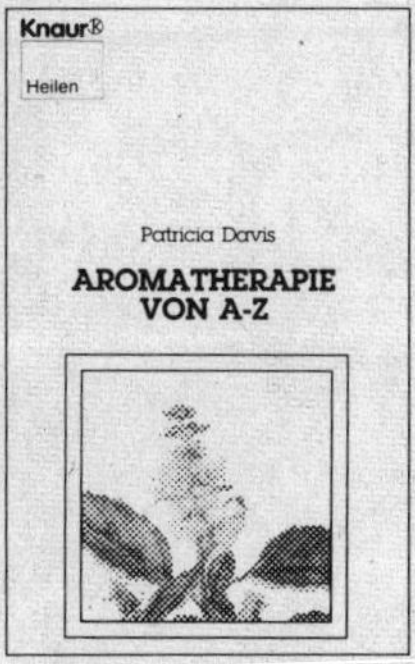

(4224)

(7798)

(4232)

(7755)

(7752)

(7844)

Die Kassetten zu allen im Knaur Verlag erschienenen Büchern von John Selby sind beim SSG-Verlag erschienen. Sie sind über den Buchhandel oder über den SSG-Verlag, Alte Schule, 3544 Waldeck 1, zu beziehen.

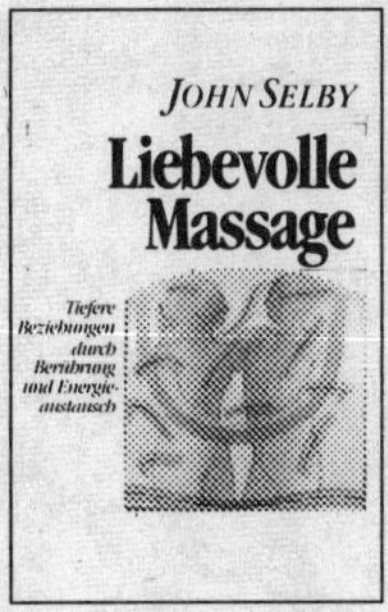

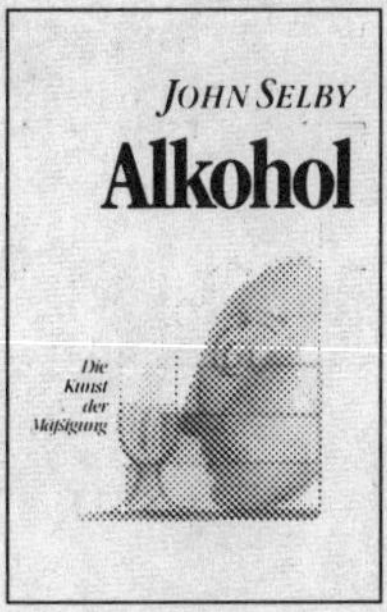